Historia de Hawái

Una guía fascinante de la historia de Hawai'i

© Copyright 2022

Todos los derechos reservados. Ninguna parte de este libro puede ser reproducida de ninguna forma sin el permiso escrito del autor. Los revisores pueden citar breves pasajes en las reseñas.

Descargo de responsabilidad: Ninguna parte de esta publicación puede ser reproducida o transmitida de ninguna forma o por ningún medio, mecánico o electrónico, incluyendo fotocopias o grabaciones, o por ningún sistema de almacenamiento y recuperación de información, o transmitida por correo electrónico sin permiso escrito del editor.

Si bien se ha hecho todo lo posible por verificar la información proporcionada en esta publicación, ni el autor ni el editor asumen responsabilidad alguna por los errores, omisiones o interpretaciones contrarias al tema aquí tratado.

Este libro es solo para fines de entretenimiento. Las opiniones expresadas son únicamente las del autor y no deben tomarse como instrucciones u órdenes de expertos. El lector es responsable de sus propias acciones.

La adhesión a todas las leyes y regulaciones aplicables, incluyendo las leyes internacionales, federales, estatales y locales que rigen la concesión de licencias profesionales, las prácticas comerciales, la publicidad y todos los demás aspectos de la realización de negocios en los EE. UU., Canadá, Reino Unido o cualquier otra jurisdicción es responsabilidad exclusiva del comprador o del lector.

Ni el autor ni el editor asumen responsabilidad alguna en nombre del comprador o lector de estos materiales. Cualquier desaire percibido de cualquier individuo u organización es puramente involuntario.

Índice

INTRODUCCIÓN 1
CAPÍTULO 1 - RESUMEN INTRODUCTORIO 3
CAPÍTULO 2 - EL ANTIGUO HAWAI'I: EL PUEBLO DE HAWAI'I 11
    Orígenes 11
    Los amos del océano 14
    Alimentación, flora y fauna 17
    La vida antigua 19
    Reyes, gobernantes y plebeyos 22
    Templos 27
CAPÍTULO 3 - EL ANTIGUO HAWAI'I: LOS DIOSES Y LOS MITOS DE HAWAI'I 30
    Kahuna 32
    Kane 33
    Ku 35
    Kanaloa 37
    Lono 38
    Pele 39
CAPÍTULO 4 - PUNTO DE CONTACTO 43
    La llegada de James Cook 43

Viaje de vuelta *45*

Más por venir *50*

El ascenso de Kamehameha *51*

CAPÍTULO 5 - EL REINO DE HAWÁI 58

Diferentes sistemas de tenencia *58*

Muerte por enfermedad *59*

Cambio de religión *60*

El viaje trágico *63*

La continuación del reino *65*

El Gran Mahele *70*

CAPÍTULO 6 - ESTADOS UNIDOS Y HAWAI'I 74

Influencia occidental *75*

La decadencia del reino de Hawái *76*

La Constitución de la Bayoneta y el derrocamiento del reino de Hawái *81*

Tierra del azúcar *87*

CAPÍTULO 7 - LA SEGUNDA GUERRA MUNDIAL Y HAWAI'I 93

Atrapado entre Japón y Estados Unidos *94*

Problemas orientales para la costa oeste de Estados Unidos *95*

Pearl Harbor *99*

Consecuencias *103*

CAPÍTULO 8 - EL HAWAI'I MODERNO 108

Transición política *108*

El Segundo Renacimiento hawaiano *113*

El movimiento por la soberanía hawaiana *116*

Turismo y comercialización *118*

CAPÍTULO 9 - PERSONAJES NOTABLES DE HAWAI'I 120

Akebono Taro *120*

Barack Obama *122*

Bruno Mars *125*

Bethany Hamilton *127*

Duke Kahanamoku *129*

Israel Kamakawiko'ole *131*
CAPÍTULO 10 - LA CULTURA DE HAWAI'I..**134**
   Música y danza 134
      Ukulele... *134*
      Hula *138*
      Idioma *141*
   Turismo y cultura popular 143
      Luau *143*
      Lei *145*
CONCLUSIÓN **149**
VEA MÁS LIBROS ESCRITOS POR CAPTIVATING HISTORY...........**151**
REFERENCIAS **152**

Introducción

Este libro contiene un recorrido seleccionado de la historia de Hawai'i, desde los inicios de sus antiguas costumbres marítimas hasta la encarnación moderna del estado estadounidense. Es mucho lo que ha sucedido en este periodo de tiempo, y las aventuras de la gente, las leyendas y la cultura hawaiana son un espectáculo para la vista. Se han incluido explicaciones siempre que han sido pertinentes, y el lector no debería tener ningún problema en utilizar este libro como punto de partida para sumergirse en la rica historia de esta región.

Este libro traza un camino a través de la ideología y el pensamiento religioso hawaiano, que es único, pero que también está muy poco reflejado en las representaciones de la región en los medios de comunicación convencionales. Este libro también relata el ascenso de los antiguos reyes hawaianos, que se produjo tanto como respuesta natural para mantener el orden como en el marco de la evolución para entrar en contacto con el mundo exterior. Por muchas razones, Hawai'i estuvo aislado durante mucho tiempo de las culturas emergentes y las superpotencias del mundo, y ahora se iluminan sus pasos a través del tiempo. Hawai'i tuvo un papel crucial durante la Segunda Guerra Mundial, con un acontecimiento fundamental que tuvo lugar en su suelo. Sin embargo, como aprenderá en este libro, este evento no ocurrió de la nada. En estos capítulos se cuenta la historia de la lenta e inevitable acumulación de tensiones e intereses nacionales contrapuestos que, en última instancia, dio lugar a «un día que vivirá en la infamia».

Incluso después de semejante acontecimiento, Hawai'i consiguió seguir adelante, curarse y sintetizar una identidad que, literal y figuradamente, se nutre de ambos extremos del océano Pacífico y del interior de las propias islas para forjar un estado moderno que ha dotado al mundo de gente brillante. De hecho, algunos de ellos aparecen en este libro. Se ofrece una visión detallada de sus vidas y logros, que en su mayor parte tienen como telón de fondo a Hawai'i. Además, este libro ofrece un sentido más real de lo que hay detrás de las cosas que tomamos como «quintaesencia» hawaiana y también echa un vistazo a algunos de los desafíos de la Hawai'i moderna.

Sumérjase en un mundo de tradición, tragedia y, finalmente, triunfo. Este mundo de historias inspiradoras y hechos extraños ha escapado de alguna manera a la atención y cobertura generalizadas, pero eso ya no es así. Con este libro, los lectores tienen la llave para atravesar la mística y el mito tropical de Hawai'i y desvelar la verdad.

Capítulo 1 - Resumen introductorio

Ningún libro puede abarcar toda la amplitud y la profundidad de los registros históricos de Hawai'i. La región es tan sorprendentemente rica que en su comparativamente corta existencia de unos mil años, múltiples estantes llenos de libros no serían suficientes para describir todo lo que es digno de mención de Hawai'i. Por ello, este libro pretende servir no solo como una visión general, sino también como una selección de acontecimientos y momentos de la historia de Hawai'i que son particularmente destacados, relevantes, representativos y bien documentados. Se ha prestado gran atención a las fuentes utilizadas en esta obra, así como a la representación de la historia de la región. Esperamos que el libro sirva como una primera inmersión profundamente atractiva y refrescante en la historia de Hawai'i.

Para entender la historia de Hawai'i, primero hay que ser capaz de imaginarla geográficamente. La humanidad y las acciones de los hombres y las mujeres son las que suelen formar el grueso de la historia, pero la ubicación, la topografía y el clima de Hawai'i no solo son aspectos únicos del estado, sino también factores de importancia crítica en su historia. Hawai'i se encuentra en el extremo oriental de Oceanía, una subregión que puede dividirse en Micronesia, una región de islas situada al norte de Nueva Guinea y al este de Filipinas; Melanesia, una región que incluye a Nueva Guinea y se extiende al este y al sur de esta; y Polinesia, una gran región triangular que se encuentra aún más al este de Melanesia, con dos de sus puntas extendiéndose hacia los hemisferios norte y sur.

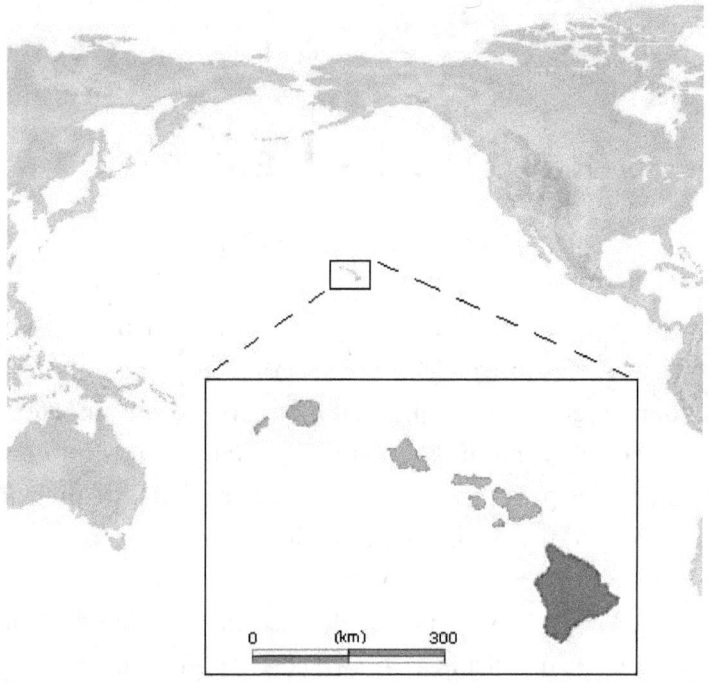

La ubicación de las islas hawaianas en relación con las Américas, a la derecha, y con Asia y Australia, a la izquierda
https://commons.wikimedia.org/wiki/File:Hawaii_Islands_-_Oahu.PNG

En el extremo norte del triángulo polinesio se encuentra Hawai'i, y aunque actualmente forma parte de los Estados Unidos de América, es el único estado que se encuentra fuera de Norteamérica (aunque políticamente forma parte de ella). En el otro extremo del triángulo polinesio se encuentran Nueva Zelanda y la isla de Pascua. Además, el Estado de Hawái no es una sola masa de tierra, sino un grupo de islas llamado archipiélago. Hawai'i está formado por más de cien islas, muchas de las cuales son demasiado pequeñas para ser clasificadas correctamente como islas. A efectos prácticos, Hawai'i consta de ocho islas principales: la propia isla llamada Hawai'i, Maui, O'ahu, Kaua'i, Moloka'i, Lana'i, Ni'ihau y Kaho'olawe. En conjunto, estas ocho islas constituyen más del 90% de la superficie terrestre emergida del archipiélago hawaiano.

Estas islas se encuentran a unos 20 grados de latitud al norte del ecuador y a unos 157 grados de longitud al oeste de Greenwich. Esto significa que Hawai'i experimenta una estación estable y predecible. Más adelante veremos cómo estas condiciones ideales para la agricultura ayudaron a dirigir la historia de Hawai'i. Su posición muestra poca desviación en la duración del día estacional también. Esto se debe a que Hawai'i está relativamente cerca del ecuador, lo que significa que no le afecta tanto el desplazamiento anual del sol de norte a sur entre los trópicos de Cáncer y Capricornio. El día más largo del verano en Hawai'i dura algo más de trece horas, y el más corto algo menos de once, una diferencia menor.

Hawai'i, la isla más grande, que lleva el mismo nombre que el propio estado, tiene el apodo de «la isla Grande», y cuenta con una población de unos 200.000 habitantes. Maui, la segunda isla más grande, es más de cinco veces más pequeña que la isla Grande, y la mayoría de las otras islas son comparables en tamaño a Maui. La isla de O'ahu, conocida como «el Lugar de Reunión», es la que tiene la mayor población de las ocho islas principales, con más de 900.000 habitantes. Kaua'i es conocida como «la isla Jardín» por sus tierras extremadamente fértiles y su historia de plantaciones de azúcar.

Las islas hawaianas albergan algunas de las montañas más altas del mundo: el Mauna Loa y el Mauna Kea rivalizan con las montañas de los Alpes. Ambas superan los cuatro mil metros de altura. Aunque el Mauna Kea se considera ahora un volcán inactivo, el Mauna Loa no lo es. De hecho, sigue siendo objeto de un control y una vigilancia constantes, ya que tiene el potencial de provocar erupciones peligrosas y está situado cerca de zonas pobladas. Sin embargo, la mayoría de las erupciones y la actividad volcánica de Hawaiʻi no son abiertamente peligrosas para la vida humana o animal, ya que sus flujos de lava suelen ser lentos. Debido al aislamiento de Hawaiʻi respecto a otros países y ciudades, así como a la gran altura de estas dos montañas, son unos de los mejores lugares para los observatorios solares y astronómicos.

Una vista panorámica de los observatorios de Mauna Kea
Fuente: Frank Ravizza, CC BY-SA 4.0 https://creativecommons.org/licenses/by-sa/4.0 via Wikimedia Commons
https://commons.wikimedia.org/wiki/File:Panoroma_of_Mauna_Kea_Observatories.jpg

Hawaiʻi está bastante aislado, ya que se encuentra cerca del centro del océano Pacífico, lejos de cualquier masa continental importante. Esto también significa que está alejado de los principales centros de civilización, lo que da lugar a una cultura y una población realmente únicas. Tiene zonas montañosas y actividad volcánica debido a su punto caliente geológico, que es un fenómeno geológico único debido a que Hawaiʻi está situado lejos de los bordes de su placa tectónica. La mayoría de los volcanes se producen cuando las placas tectónicas se separan o se aplastan entre sí.

Debido a su ubicación central en el océano Pacífico, Hawaiʻi se encuentra entre los Estados Unidos de América y Japón, dos poderosas naciones que han desempeñado un papel importante en el trazado del curso de Hawaiʻi a través de la historia. Y aunque parezca que esta es la razón por la que el capitán James Cook, explorador británico y capitán de la Marina Real, acabó llamando a las islas hawaianas «islas Sándwich», no es la verdadera razón. El capitán Cook fue el primer europeo que documentó y popularizó el viaje a las islas hawaianas, y las bautizó en honor a su mecenas, el conde de Sandwich, que resultó ser el primer lord del almirantazgo británico en aquella época.

La vista de Mauna Loa (derecha) y Mauna Kea (izquierda), tal y como se ve y se representa en la década de 1820
https://commons.wikimedia.org/wiki/File:View_of_Hilo,_Mauna_Kea_and_Mauna_Loa_in_the_1820s.jpg

Situada al norte del ecuador, Hawai'i es una región tropical, y mantiene un clima ventoso y cálido durante todo el año. Solo en las zonas montañosas más altas nieva, y la mayor parte de Hawai'i pasa por una estación húmeda y otra seca.

Gran parte de la historia de Hawai'i está influenciada por su clima tropical, la cual permitía ricas exportaciones agrícolas e industrias. Estas revoluciones agrícolas cambiarían para siempre la composición política y étnica de las islas, atrayendo el escrutinio político mundial y a decenas de miles de trabajadores inmigrantes. Más tarde, estas exportaciones agrícolas también darían forma a la percepción mundial de lo que era la «cocina hawaiana», a menudo de forma errónea. Curiosamente, la superficie de las islas de Hawai'i contiene una inmensa gama de rasgos distintivos. Hawai'i cuenta tanto con playas llanas y barridas por el viento como con peñascos rocosos y ventosos. Las laderas sur y sureste del Mauna Loa y el Kilauea, dos de los volcanes activos de Hawai'i, tienen varias líneas largas de acantilados. Estos se formaron en un principio cuando grandes partes de las montañas en crecimiento se desplomaron en el océano, ya sea de forma gradual o repentina. Estos antiguos y masivos desprendimientos de tierra enviaron limo, roca y restos volcánicos al fondo del océano a lo largo de más de cien millas. Estos grandes desprendimientos continúan hasta hoy, y el más reciente ocurrió en 1975, el cual desencadenó un terremoto.

Las islas hawaianas tienen tanto llanuras desoladas de roca ígnea como densos y húmedos bosques tropicales. Estos bosques maduros comenzaron sin duda cuando las algas, líquenes, musgos y helechos empezaron a crecer en la superficie enfriada del basalto y la ceniza volcánica. Con el tiempo, las rocas erosionadas y las superficies de las islas se mezclaron con material orgánico, dando lugar a un verdadero suelo y permitiendo que las etapas posteriores de crecimiento floral echaran raíces. Las hemizonias hawaianas, el *Pukiawe*, los arándanos hawaianos y los helechos arbóreos rojos son solo algunos ejemplos de las muchas especies de vegetación que habitan en las islas hawaianas. Los bosques tropicales hawaianos también albergan especies como la *Acacia koa* y el *Cheirodendron* (también conocido como *'olapa*). Los bosques tropicales hawaianos también se clasifican o zonifican, principalmente según la elevación y otros factores climáticos. La temperatura disminuye a medida que aumenta la elevación, lo que da lugar a una variación floral y a diferentes tipos de bosques. Los bosques lluviosos de tierras bajas están por debajo de los bosques lluviosos de montaña, y ambos se sitúan por debajo de una altitud de 2.000 metros (6.500 pies). A continuación se encuentran los bosques frescos y secos, y los matorrales alpinos en los picos más altos de Maui y Hawai'i.

Estas diferencias climáticas se deben en parte a los vientos alisios que soplan constantemente contra Hawai'i y también a la topografía montañosa de las islas. Estas dos fuerzas tienen una interacción entre ellas que permite que la humedad, las lluvias, las tormentas y las temperaturas fluctúen y se estanquen, dependiendo del lugar. En particular, los vientos alisios que vienen del este fluyen sobre las montañas, las colinas y los valles para producir corrientes de aire y ráfagas en casi todas las islas. Gran parte del océano se enfría gracias a una corriente de retorno de agua fría que baja desde la región del estrecho de Bering. Todo ello hace que las islas hawaianas sean varios grados más frías que cualquier otra isla de la misma latitud. En general, sin embargo, las caras este y oeste de Hawai'i son notablemente diferentes. Sus lados orientales son ventosos, lluviosos y muy arbolados, con densos bosques. Las caras occidentales tienen una vegetación mucho más escasa, ya que son más cálidas y secas. Esta diferencia en la vida vegetal es lo suficientemente obvia como para ser vista desde las imágenes de satélite en color real de Hawai'i.

La temporada de huracanes de Hawai'i se extiende de junio a noviembre, pero el grupo de islas está protegido de cualquier amenaza real por las aguas más frías que las rodean. No obstante, las tormentas tropicales son frecuentes y provocan mucha lluvia, vientos moderados y, en ocasiones, algunos daños materiales.

En las islas hawaianas son escasas las cantidades significativas de metal, por lo que los nativos han tenido que ser muy ingeniosos y creativos para encontrar y utilizar nuevos materiales con los que trabajar. La mayoría de las principales formas de fauna que habitan en las islas hawaianas fueron introducidas por los primeros colonos de la isla, que llegaron desde Nueva Guinea y partes del sudeste asiático. Entre estos animales están los perros, las ratas, los cerdos, las gallinas y otros tipos de aves. En particular, de las cinco especies de tortugas marinas que se encuentran en la región central del océano Pacífico, dos de ellas anidan regularmente en las islas hawaianas. Una de ellas es la tortuga verde, o *honu*, y anida regularmente en las islas más pequeñas y deshabitadas del noroeste del archipiélago hawaiano. A veces, ponen huevos y anidan en Moloka'i e incluso, al menos históricamente, en la isla de Lana'i. La otra tortuga, la tortuga de carey, o *honu'ea* o simplemente *ea*, se ve con mucha menos frecuencia. En el pasado, su grueso caparazón, con atractivos dibujos, era un valioso material para fabricar adornos.

Para ser una nación tan aislada geográficamente, Hawai'i es una de las naciones insulares más reconocidas e influyentes del mundo, y su profunda y diversa historia lo refleja.

Capítulo 2 - El antiguo Hawai'i: El pueblo de Hawai'i

Lamentablemente, las historias más antiguas de Hawai'i no están bien documentadas y se han visto algo erosionadas debido al contacto con el mundo exterior. Sin embargo, muchas pruebas, pistas arqueológicas y conexiones con las culturas, los pueblos y las islas circundantes pintan un cuadro que nos permite aprender mucho sobre el pueblo de la antigua Hawai'i.

Orígenes

Aunque la fecha exacta de la colonización humana de las islas de Hawai'i no se conoce con exactitud, la mayoría de los estudiosos y expertos en el tema coinciden en que el pueblo polinesio pisó por primera vez Hawai'i hace entre 900 y 1.100 años (alrededor del año 1100 de la era cristiana). Los polinesios prehistóricos y, por extensión, los hawaianos, descienden del pueblo de la cultura lapita, que recibe su nombre de un yacimiento arqueológico de Nueva Caledonia (situado en el Pacífico Sur). El pueblo lapita, a su vez, parece descender de regiones del sudeste asiático. Al ser tan antiguos, uno de sus artefactos culturales más conocidos es un tipo particular de cerámica que ha llegado a conocerse como loza Lapita, con diseños y patrones estampados en sus cuencos y ollas.

Es muy probable que el pueblo lapita tuviera las características de muchos pueblos polinesios. Es muy probable que tuvieran una gran destreza marítima, que aprovecharan al máximo los diversos recursos marinos y que tuvieran la costumbre de llevar consigo vida animal y vegetal, que les ayudaba a mantenerse en las nuevas islas.

Estos antiguos austronesios eran hábiles marineros, navegantes y exploradores, y descubrieron islas al norte, sur y este de las actuales Nueva Guinea y Australia. Se desplazaron progresivamente de un grupo de islas a otro, colonizando tierras habitables y aventurándose en el océano Pacífico.

En concreto, el pueblo lapita se extendió hacia el exterior y el este desde el archipiélago de Bismarck, situado frente a la costa nororiental de Nueva Guinea, y llegó a partes de Melanesia hacia el año 1250 a. C. La mayoría de sus asentamientos se extendieron a lo largo de las costas de las islas recién descubiertas, y no se adentraron mucho hacia el interior. Esto les impidió interactuar de forma significativa con los ocupantes indígenas que pudieran haber poblado ya algunas de las islas y tierras. En las islas Salomón y en algunas partes del archipiélago de Bismarck, se construyeron casas sobre zancos en las playas más rocosas y en las zonas de arrecifes.

Se cree que los lapitas disponían de una amplia red de comercio entre sus asentamientos anteriores, aunque la distancia entre ellos fuera bastante grande. Los lapitas intercambiaban bienes y productos, que a menudo procedían del mar, por otros materiales y productos de personas que vivían más arriba y en el interior. Esto, junto con el hecho de que el pueblo lapita solo habitaba en las zonas costeras, les habría convertido en aliados y amigos deseables. Habrían sido útiles y fiables a la hora de proporcionar recursos marinos en bruto y otras cosas que no estaban disponibles para las comunidades sin salida al mar.

Una pieza de cerámica lapita encontrada en el yacimiento de Bourewa, en Fiyi, de unos tres mil años de antigüedad
Credito: Patrick Nunn, CC BY-SA 4.0 https://creativecommons.org/licenses/by-sa/4.0 via Wikimedia Commons
https://commons.wikimedia.org/wiki/File:Decorated_piece_of_Lapita_pottery_from_the_Bourewa_site_in_Fiji.jpg

Sin detenerse en Melanesia, la cultura lapita se extendió hacia las islas Fiyi e incluso hacia Tonga y Samoa, que se encontraban más al este. Este periodo, aproximadamente hacia el año 1000 a. C., marca la estimación más antigua de posibles incursiones en la Polinesia. Los sutiles cambios en la forma y los diseños de la cerámica de los lapitas pueden ser rastreados y datados progresivamente, lo que permite a los arqueólogos discernir sus probables movimientos hacia el este de la Polinesia. Además, como estos antiguos navegantes llevaron consigo plantas y animales para asentarse en nuevas islas, los historiadores modernos tienen otro ángulo que pueden utilizar para rastrear sus patrones de migración.

Las primeras pruebas arqueológicas, lingüísticas y de ADN animal fiables sugieren que Hawai'i fue descubierta y colonizada desde las islas Marquesas, situadas a poco más de 3.000 kilómetros (1.860 millas) al sureste de Hawai'i, alrededor del año 600 de la era cristiana. Hawai'i también tuvo una importante influencia tahitiana debido a las múltiples visitas desde y hacia las islas de la Sociedad, de las que forma parte Tahití. Estas visitas e interacciones se produjeron alrededor del año 1100 de la era cristiana. De hecho, el canal de agua que va desde la isla hawaiana de Maui hacia el sur y que pasa entre Lanaʻi y Kahoʻolawe se llama Kealaikahiki, que se traduce literalmente como «el camino a Tahití».

Los amos del océano

En algún momento, los antiguos austronesios inventaron la canoa con balancín, una embarcación con un solo casco que se ataba a unas alas más pequeñas a cada lado para aumentar la estabilidad, el almacenamiento y la flotabilidad. No se conoce la progresión exacta de sus inventos e innovaciones, pero existen pruebas sólidas de diferentes formas de estas canoas, algunas de las cuales incluso estaban equipadas con velas para viajes más largos. También es muy probable que los pueblos de la cultura lapita y los posteriores polinesios desarrollaran la canoa de doble casco y la utilizaran para viajes de cientos de kilómetros.

Canoas Outrigger en la playa de Waikiki, hacia finales del siglo XIX
https://commons.wikimedia.org/wiki/File:Outrigger_canoes_at_Waikiki_Beach,_late_1800s.jpg

En concreto, los antiguos hawaianos utilizaban los grandes árboles endémicos de Koa (*Acacia koa*) para fabricar cascos de más de quince metros de largo a partir de un solo tronco. También realizaron otros avances tecnológicos, como el enchapado de sus cascos de madera, innovaciones en el aparejo de las velas, calafateo y amarre, entre otras cosas. Estas mejoras progresivas hacían que sus barcos, aunque fueran de madera, fueran extremadamente aptos para la navegación. Estas grandes embarcaciones podían transportar a varias familias, sus provisiones, animales domésticos y plantas para esparcirlas en cualquier isla recién descubierta.

Todos los indicios apuntan a que utilizaban la navegación astronómica y eran hábiles marineros, reparadores, buceadores, pescadores y nadadores. Las tradiciones arqueológicas y orales nos dicen que los primeros hawaianos se tomaron su tiempo para perfeccionar y mejorar sus barcos y rutas de navegación. Planificaban con antelación y preparaban provisiones para los largos viajes, a la vez que empleaban conceptos de estrellas cenitales, estrellas fijas y vientos estacionales para la navegación y el viaje.

Los viajes realizados por los antiguos hawaianos y polinesios eran tan increíblemente lejanos y peligrosos que muchos antropólogos no daban crédito a las similitudes y pruebas arqueológicas y lingüísticas. En esencia, estaban convencidos que la navegación y la tecnología que poseían los nativos hawaianos no eran lo suficientemente avanzadas como para permitir tales viajes. Cruzar del hemisferio norte al sur también significaba que ciertas herramientas y técnicas de navegación astronómica tendrían que ajustarse en consecuencia y sobre la marcha. Esta incertidumbre permaneció arraigada en los escritos académicos y en el consenso general durante décadas.

Solo hasta que Ben Rudolph Finney conoció a Mau Piailug se zanjó realmente el debate. Ben Finney era un antropólogo estadounidense especializado en surf, vela y navegación. Junto con Herbert Kawainui Kane y Charles Tommy Holmes, fundó la Polynesian Voyaging Society, una sociedad de investigación y educación. Mau Piailug era un buscador de caminos micronesio experto en navegación sin instrumentos y en viajes por mar abierto, habilidades que se adquirían mediante el aprendizaje de rutina y la memorización de las tradiciones orales de su pueblo. Junto con una tripulación formada en su mayoría por nativos hawaianos, Finney y Piailug emprendieron valientemente una expedición en 1976, partiendo de las islas hawaianas hacia las islas de la Sociedad. El barco que utilizaron era una canoa de doble casco llamada Hokule'a, que estaba construida con un diseño tradicional polinesio, y navegaron valiéndose únicamente de métodos antiguos. Después de un mes de viaje, llegaron con éxito a las islas de la Sociedad y demostraron que el viaje era perfectamente posible sin el uso de equipos o métodos de navegación modernos.

La cubierta y la zona de descanso cubierta de tela de la Hokule'a, la canoa de doble casco utilizada para navegar desde Hawai'i hasta Tahití
Credito: Tonitt, CC BY-SA 3.0 https://creativecommons.org/licenses/by-sa/3.0 via Wikimedia Commons
https://commons.wikimedia.org/wiki/File:Hokulea_deck_and_sleeping_area.JPG

Los antiguos hawaianos también conocían bien las mareas, correlacionándolas con los acontecimientos lunares y con un horario semidiurno. Del mismo modo, se postula que la ocurrencia de tsunamis era un hecho regular en la prehistoria hawaiana. Aproximadamente cada cuatro o cinco años, un tsunami notable llegaría a las islas hawaianas, haciendo mella en las historias orales y los recuerdos de los antiguos hawaianos. Entonces se habrían mantenido alejados de las costas propensas a los tsunamis, zonas como la costa noreste de Hawai'i. Incluso en los últimos años, las olas de los tsunamis de diez metros de altura dañaron fuertemente las zonas urbanas de Hawai'i. Hoy en día existen sistemas de detección y alerta temprana que ayudan a prevenir la pérdida de vidas y los daños.

Alimentación, flora y fauna

La base de la antigua dieta polinesia y hawaiana consistía en tubérculos ricos en almidón como la planta del taro (*Colocasia esculenta*) y el ñame púrpura o ñame mayor (*Dioscorea alata*). Ambas plantas ocupan un lugar destacado en la etiqueta social, la mitología y los rituales. Estas plantas, junto con los animales marinos, constituían los principales pilares de la cocina de los nativos hawaianos.

Un hombre hawaiano transportando plantas de taro cosechadas, alrededor de 1898
https://commons.wikimedia.org/wiki/File:Recueil._%C3%8Eles_Hawa%C3%AF._IV._Culture._Documents_iconographiques_rassembl%C3%A9s_par_Louis_Pierre_Vossion,_Vue_21.jpg

La corriente de Kuroshio, que parte de las Filipinas y de las islas del sur de Japón, se combina con la corriente del Pacífico Norte para llevar a su archipiélago la mayor parte de los animales marinos de Hawai'i. Una situación similar se da en los grupos de islas del sur del océano Pacífico. Además, otras especies marinas habrían «saltado» hacia el oeste, llegando finalmente al archipiélago hawaiano. Las costas de Hawai'i son ricas en muchas especies diferentes de algas, corales, moluscos y peces óseos. En todas las islas hawaianas, excepto en algunas partes de las más jóvenes, los arrecifes de coral vivos rodean las costas de las islas y se adentran en el océano, convirtiéndose en una zona «coralina» más alejada. Llamar a Hawai'i un oasis en medio del océano Pacífico no es una afirmación inexacta.

Sin embargo, los peces de Hawai'i proceden en su mayoría del Pacífico Indo-Occidental, mostrando una contribución escasa o nula del lado oriental del océano Pacífico (el lado de las Américas). Esto se debe a que las corrientes son mucho más frías y a que existe una gran brecha de aguas profundas entre Hawai'i y el continente americano. Algunos ejemplos específicos de peces de Hawai'i son el pez silla o *hinalea lau-wili*, el pez mariposa o *lau wiliwili* y el coris alineado o *malamalama*. Otros peces inespecíficos son diferentes tipos de morenas, peces escorpión, meros, cirujanos, jureles y loros.

Algunas de las plantas de vital importancia que se llevaban con frecuencia a otras islas eran la morera de papel, también conocida como árbol de la tapa (*Broussonetia papyrifera*), el cocotero y el lirio de palma o árbol *ki*. La morera de papel, en particular, se cultivaba por su corteza interior, que se pelaba lentamente, se ponía en remojo y se golpeaba para fabricar telas de corteza, o *kapa*. La tela de corteza se utilizaba no solo para vestir y decorar, sino también como tapices y como lienzo para pintar.

Representación artística de una mujer hawaiana golpeando fibras naturales para fabricar la ropa que utilizaban para vestirse, 1819
Credito: Hiart, CC0, via Wikimedia Commons
https://commons.wikimedia.org/wiki/File:%27Woman_of_the_Sandwich_Islands_making _the_Natural_Cloth_with_which_they_are_Dressed%27_by_Jacques_Arago.jpg

Las plantas de coco tenían múltiples usos, desde la construcción de madera hasta el encendido de fuegos y la creación de cuerdas, que se hilaban con sus fibras. El contenido nutricional del coco también hizo que la mayoría de los antiguos polinesios atesoraran el cocotero por todos sus usos, lo que le valió el apodo de «el árbol de la vida». Otras plantas que los antiguos polinesios y hawaianos traían consigo eran los plátanos, el fruto del pan y el arrurruz polinesio.

La vida antigua

Los antiguos hawaianos tenían un estilo de vida agrario y poseían una compleja sociedad comunal que incluía sistemas de castas. El escalón más alto lo formaban los jefes y los dirigentes de las aldeas y regiones. Los sacerdotes, chamanes, curanderos y artesanos profesionales constituían la mayor parte del segundo peldaño del sistema de castas, seguidos por el pueblo llano que constituía la mayor parte de la población. También es muy probable que incluso en la antigua Hawai'i, la sociedad se organizara en torno al concepto de una unidad familiar ampliada, el *ohana*. Esta unidad era muy importante para los antiguos hawaianos porque estaba relacionada con su sistema de castas, la clase dirigente, la denominación genealógica de los dioses de la familia e incluso la propiedad de la tierra. A partir del *ohana* se creaban otros grupos de parentesco, que luego formaban aldeas o habitaban una región. La tarea general del *ohana* era cultivar, encontrar, cazar o cosechar alimentos y otras materias primas, ya fueran de origen agrícola o marino. Estos alimentos se utilizaban para mantener tanto al *ohana* como al grupo más grande al que pertenecía, junto con otros requisitos de comercio, gravámenes, ofrendas religiosas, etc.

Aunque la antigua agricultura hawaiana no era tan avanzada como la de otras civilizaciones agrícolas de producción masiva, era lo suficientemente sistemática y fiable no solo para mantener un suministro adecuado de alimentos, sino también para hacer crecer la población a un ritmo constante. Semejante hazaña no se logró con herramientas de metal o implementos impulsados por animales, sino con un sistema de asignación de trabajo y esfuerzo grupal. También existen pruebas de construcciones agrícolas y prácticas de acuicultura más avanzadas que se remontan a los antiguos hawaianos. Se construyeron estanques de agua dulce y terrazas de varios niveles para que crecieran y prosperaran cultivos como el taro y la batata.

La carne de cerdo y de ave serviría solo como fuente de alimentación complementaria y no como alimento principal de la vida cotidiana. Es muy probable que la caza se llevara a cabo simultáneamente con la recolección, siendo una actividad en la que participaba toda la familia. Del mismo modo, la pesca y la recolección de recursos marinos era un asunto familiar, especialmente en las zonas costeras menos profundas. La pesca en aguas profundas solo la realizaban los especialistas, ya que debían emplear grandes canoas, sedales, lanzas, redes y técnicas de buceo y natación expertas. Los antiguos registros de las historias orales de los antiguos hawaianos hablan de flotas de canoas que se hacían a la mar con muchos hombres en un esfuerzo masivo para capturar peces y otras especies marinas. La gente se preparaba con antelación para estas expediciones, preparando largos sedales trenzados y diferentes tipos de anzuelos y lanzas. Algunas de las redes más grandes contenían tantos peces que necesitaban de diez a veinte canoas para ayudar a traer la captura a la orilla.

Un boceto original de nativos hawaianos con sus animales realizado por Louis Choris, un pintor y explorador germano-ruso conocido por sus bocetos de investigación de expediciones
https://commons.wikimedia.org/wiki/File:Hawaiian_natives_wearing_kihei,_with_animals,_sketch_by_Louis_Choris.jpg

Margaret Titcomb, una bibliotecaria estadounidense que escribió varios libros sobre Hawai'i, afirma que el perro del centro del cuadro es la única representación del ya extinto perro poi hawaiano. Las canoas eran de vital importancia para ayudar a asegurar las abundantes cosechas de proteínas marinas. Estas embarcaciones también se utilizaban para el comercio, la exploración, el asentamiento de nuevas zonas y los rituales religiosos.

Por lo tanto, la fabricación de canoas en la antigua Hawai'i era un oficio venerado y especializado. Se sabe que la fabricación de canoas gozaba de gran prestigio en el Hawai'i preeuropeo, con todos los conceptos y prácticas que conllevaban un estricto aprendizaje y una profunda maestría, que llevaba años. El trabajo estaba rodeado de las correspondientes ceremonias y rituales que realizaban los sacerdotes y chamanes, desde la mera selección del tronco que se iba a talar hasta el arrastre de la vasija terminada hasta el agua.

Uno de los conceptos más extraños para los nativos hawaianos era que uno podía poseer fuentes de agua como lagos y ríos, y el derecho a su uso. Los primeros hawaianos consideraban el agua como algo totalmente inseparable de la propia tierra, y creían que las masas de agua eran de propiedad comunal. Esta actitud hacia la santidad del agua ayudaría a explicar cómo surgieron los grandes proyectos de irrigación y las corrientes de agua creadas por el hombre en las islas hawaianas, ya que la cantidad de trabajo necesario era inmensa y solo podía llevarse a cabo mediante un esfuerzo concertado y colectivo. Los escritos de los antiguos agricultores nativos de Hawai'i afirman que «El agua, entonces, como la luz del sol, como fuente de vida para la tierra y el hombre, no era posesión de ningún hombre, ni siquiera de los *ali'i nui* [jefes] o de los *mo'i* [gobernantes]».

Reyes, gobernantes y plebeyos

La política de parentesco de los antiguos hawaianos estaba encabezada por altos jefes llamados *ali'i*. Estos jefes gobernaban distritos de una isla junto con sus familias. Los líderes secundarios a los *ali'i* se llamaban *konohiki* y se encargaban de supervisar y administrar el *ahupua'a*. El *ahupua'a* es una sección de tierra en la isla que tenía en cuenta el acceso al agua, la tierra fértil, las zonas residenciales, los terrenos elevados y muchos otros factores a la hora de asignarla a una familia o grupo. Una forma de conceptualizar el *ahupua'a* es visualizar una «porción de tierra en forma de pizza rara» de una isla que se aseguró de incluir todas las necesidades de una *ohana* o pueblo. Los *konohiki* solían ser parientes lejanos de los altos jefes y también les ayudaban a gobernar al pueblo llano, o *maka'ainana*. Incluso entre los *maka'ainana* había clases sociales y divisiones jerárquicas.

Los altos jefes de grandes distritos o incluso de islas enteras eran recibidos con respeto y postración; cualquier signo de falta de respeto flagrante se castigaba con la muerte. Las ropas de un gobernante no podían ser usadas por los hombres comunes, y su casa era un lugar sagrado en el que solo podían entrar los que estaban autorizados. Un alto jefe era atendido y aconsejado por un grupo de nobles, que tradicionalmente favorecía al lado paterno de la familia. Algunos de los miembros de menor rango de la cohorte del rey se encargarían de atenderlo, ayudarlo a mantenerse fresco con abanicos, bañándolo, masajeándolo, y llevándole comida y bebida. Otros miembros serían tesoreros, heraldos, corredores y mayordomos principales que informarían de las actividades diarias al rey. Además, la corte estaba formada por narradores, bailarines, músicos, guardias, adivinos, sacerdotes y buscadores de caminos.

Los artesanos cualificados, como los constructores de canoas, los curanderos y los fabricantes de cuerdas y redes, ocupaban el primer lugar entre el pueblo llano, seguidos de los agricultores, los trabajadores y sus familiares (constituían el grupo más numeroso de la población). Los líderes religiosos y los sacerdotes eran individuos que gozaban de gran estima, independientemente del sistema de castas, ya que servían a los dioses y ayudaban a salvar la distancia entre lo que era el hombre y lo que era divino. Los deberes y responsabilidades de los sacerdotes eran muy amplios. Celebraban ceremonias para apaciguar a los dioses de la tierra y el agua para lograr el éxito agrícola. Leían las señales y aconsejaban a los gobernantes sobre las épocas propicias para la cosecha, la pesca, la navegación y la exploración. También ayudaban a evitar las tormentas calamitosas, la actividad volcánica, las enfermedades y los tsunamis. Estos sacerdotes, chamanes y hechiceros eran conocidos colectivamente como *kahuna*. Por último, como es habitual en muchas otras civilizaciones, los prisioneros de guerra y los criminales ocupaban el último lugar en la escala social, y se les llamaba *kauwa*.

Entre los plebeyos, hay dos teorías predominantes sobre lo que incluía y significaba exactamente el *ohana*. La primera teoría especula que *ohana* se refería a todas las familias que vivían en esa zona. Esta agrupación de familias ocuparía un *ili*, que era una subdivisión del *ahupua'a*. El *ili* incluiría tierra seca, tierra húmeda y tierra habitable. Los *ohana* que vivían allí pagaban sus impuestos al líder de su grupo, y la cantidad se calculaba en proporción a la tierra asignada.

Estos impuestos contribuían invariablemente al impuesto real, que procedía de forma piramidal hacia arriba. El impuesto real se componía en su mayoría de artículos de alimentación, por lo que había fardos de fruta, taro y boniato junto con porciones de carne de perro, cerdo, ave y pescado. Otros regalos podían ser piedras preciosas, hermosas conchas, plumas de aves raras y adornos y joyas de roca pulida. Sin embargo, también se impondría a los *maka'ainana* un impuesto sobre el trabajo. A algunos de ellos se les encomendaba el cuidado de los jardines que pertenecían a la familia real, y a otros se les enviaba a realizar trabajos públicos como la reparación y construcción de templos, el avance de proyectos de irrigación y la construcción de nuevas casas. La justicia probablemente habría tomado la forma de un sistema de quejas a los jefes de familia, luego a los *konohiki*, y quizás incluso al propio rey. Los procesos judiciales no pasarían de ser sentencias, y los delitos menores serían objeto de venganza privada. Los delitos más graves se castigaban con la ejecución, que era llevada a cabo por el *ila'muku*, o verdugo, de los jefes. Esto aseguraba un nivel decente de disuasión de los delitos graves.

La segunda teoría sobre el significado de *ohana* en la antigua Hawai'i es que no se trataba de un concepto genealógico, sino simplemente de una red de parentesco. Esta definición relajada de familia significaba que se priorizaba un sistema de cooperación grupal y también permitía cambiar el acceso a la tierra según las necesidades. Esta teoría se ve reforzada por el hecho de que el mantenimiento de las líneas genealógicas entre los plebeyos estaba prohibido por los *ali'i*. Permitir que las herencias y las nociones rígidas de la familia se arraigaran habría conducido, y de hecho condujo, a conflictos y guerras.

Representación de un jefe u oficial del rey Kamehameha II en traje tradicional, hacia 1819
https://commons.wikimedia.org/wiki/File:Tattooed_Hawaiian_Chief,_Drawn_by_Jacques_Arago,_Artist_with_Freycinet.jpg

Al principio del desarrollo de Hawai'i, los lazos de sangre habrían sido el principal factor para determinar los *ohana*. Sin embargo, con el tiempo, solo los altos jefes y gobernantes tendrían títulos genealógicos de gran importancia, por lo que el matrimonio dentro de sus propias familias era una práctica frecuente. Con el paso del tiempo, el poder vendría determinado por los matrimonios y la guerra. Los plebeyos tendrían poco o ningún derecho de propiedad que estuviera vinculado al linaje y a la posesión familiar. Los *maka'ainana* se desplazarían por la guerra y la conquista, manteniendo lazos sueltos con las familias extensas. La redistribución de las tierras y la reasignación de la administración de las mismas, que se producía tras nuevos episodios de conquista, desplazaban inevitablemente a estos grupos. Los gobernantes derrotados a veces perdían su posición social y se convertían en plebeyos, pero también era habitual que los gobernantes conquistados fueran ofrecidos como sacrificio a los dioses. A veces incluso se convertían o elegían convertirse en parias sociales o intocables (*kauwa*).

Aunque parece haber pocas pruebas de que existiera una clase guerrera distinta, se enviaban guardias militares especialmente entrenados para proteger a la realeza y dirigir invasiones o defensas contra intrusos. La mayoría de los habitantes de la antigua Hawai'i estaban entrenados en el uso de las armas y ocasionalmente realizaban ejercicios en grupo, donde participaban en simulacros de lucha y aprendían técnicas de combate. Las armas de los antiguos hawaianos eran similares a las del resto del mundo, ya que utilizaban lanzas, dagas, palos, hondas y jabalinas. Los hawaianos no utilizaban escudos de ningún tipo, sino que se convertían en expertos en esquivar, atrapar y esquivar las armas arrojadas. Los arcos y las flechas no se usaban mucho en la guerra, ya que se utilizaban sobre todo para cazar y exterminar bichos. Las tácticas de emboscada y los combates en campo abierto eran las estrategias predominantes, pero en las batallas marítimas a veces se enfrentaban más de cien canoas de cada bando. Sin embargo, los combates marítimos a gran escala eran raros, debido a la cantidad de preparación, mano de obra y materiales que requerían.

Curiosamente, la mitología hawaiana habla de diferentes razas de enanos, cazadores salvajes y habitantes del bosque que vivían en las islas antes de que los primeros habitantes de Hawai'i llegaran a tierra firme. A estos pueblos se les llama colectivamente Menehune, pero no se han descubierto pruebas históricas concretas de ellos. En otras islas de la Polinesia Central, el término más antiguo de *manahune* se refería a los esclavos o a los trabajadores de menor rango y estatus social. Es muy probable que estas prácticas se abandonaran en su mayor parte en la antigua Hawai'i, pero que el término se mantuviera. A medida que los relatos se fueron transformando en leyendas, el aspecto del bajo estatus social podría haber cambiado lentamente con el tiempo para referirse al diminuto tamaño físico de los Menehune.

Templos

Los antiguos habitantes de Hawai'i construyeron elaborados y grandes templos llamados *heiau*, muchos de los cuales fueron desgraciadamente destruidos debido a la presión de los misioneros cristianos y al contacto con Occidente.

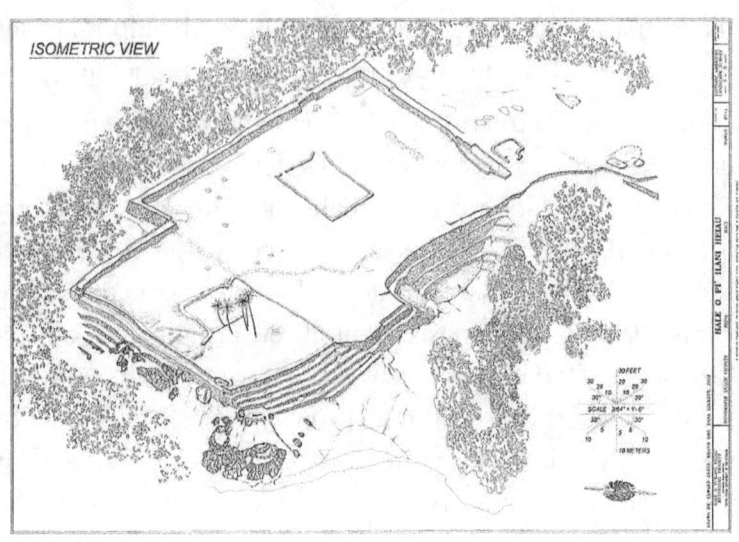

Una vista isométrica aérea del Hale O Pi'ilani Heiau, Maui. La imagen muestra los bordes de las terrazas y las partes seccionadas para diferentes propósitos y multitudes
https://commons.wikimedia.org/wiki/File:Hale-o-pi-ilani-heiau.jpg

La mayoría de los *heiaus* eran estructuras sencillas, pero no pretendían ser obras de arte. A menudo se encontraban trozos de lava enfriada en los alrededores de los *heiaus* más antiguos, y se trabajaba con guijarros alisados con agua en el barro y en los suelos para garantizar una superficie relativamente lisa sobre la cual caminar y arrodillarse. Las cabañas de paja, con enormes muros de piedra y roca, se construían en partes elevadas del terreno o en terrazas. La simplicidad impregnaba las imágenes de los dioses, a veces incluso rozando lo burdo. Los sitios de los *heiau* estaban casi siempre amurallados, ya sea en una disposición rectangular o circular.

Sin embargo, algunos *heiaus* eran deliberadamente elaborados, y los más grandes tenían muchos pisos de altura. Se construían principalmente con fines religiosos. Los *heiaus* se construían para venerar a los dioses, influir en el clima y rogar por el éxito en la agricultura y la guerra. Estas estructuras estaban hechas de muchos tipos de materiales, como arena, roca de lava, arenisca y coral. En el transcurso del culto a sus numerosos dioses, los hawaianos hacían ofrendas de incienso, pescado, carne, telas de corteza sagradas, frutas, recompensas de la cosecha agrícola y, en ciertos momentos de guerra, sacrificios humanos. Sin embargo, quizá la parte más importante del culto era el canto de oraciones, siendo el más sagrado de estos rituales cantado por un sumo sacerdote. En el interior del *heiau* se levantaban andamios. Esta estructura se llamaba *Lananu'umamao*, así llamada porque el andamiaje se construía en tres etapas: el *nu'u* (tierra), el *lani* (cielo) y el *mamao* (un lugar lejano que se podía oír). Toda la estructura se cubría con telas blancas de corteza, y solo los miembros más distinguidos de la sociedad podían «ascender» a las partes interiores del *Lananu'umamao*. A la última y más sagrada etapa solo podían acceder el sumo sacerdote y el jefe gobernante. En cada paso de este andamiaje se hacían oraciones y ofrendas; era, en esencia, un ritual por etapas que incorporaba una serie de oraciones, imágenes y otros objetos, como arbolitos doblados, cuerdas y tambores.

Capítulo 3 - El antiguo Hawai'i: Los dioses y los mitos de Hawai'i

Los antiguos hawaianos eran politeístas y animistas, y muchas de sus creencias mitológicas y teológicas estaban presentes en sus planteamientos e ideología sobre la propiedad de la tierra, las normas sociales, las prácticas de navegación, las prácticas agrícolas y la guerra. Esta naturaleza divina también se expresaba intensamente en su noción de soberanía, ya que se creía que los reyes y gobernantes descendían de los dioses. Se pensaba que poseían un carácter sagrado y religioso. El temor supersticioso y los procedimientos rituales seguían a los nuevos nacimientos reales, así como las visitas a lugares sagrados, *heiaus* y montañas volcánicas. Las leyendas y los mitos hacen referencia regularmente a los rayos y truenos como heraldos de un acontecimiento importante. Esta naturaleza divina se reflejaba en sus mantos de plumas rojas, cascos y capas, y solo a los de sangre real se les permitía ponerse esa ropa.

En primer lugar, es importante entender que comprender la mitología hawaiana es comprender todo el abanico de historias que encierran el folclore, las tradiciones orales, las supersticiones, las oraciones, los cantos y muchas otras cosas por el estilo. Además, una mitología tan profunda, extendida a lo largo de cientos de años y sobre vastas distancias e islas diferentes, necesitaba incorporar la cultura, la economía y la ideología del antiguo pueblo hawaiano.

Entre los hawaianos, y más aún entre los antiguos hawaianos, el uso de la palabra dios, *akua*, no es fijo y determinado. La palabra puede referirse a casi cualquier objeto de la naturaleza, a una imagen hecha por el hombre o incluso a un fenómeno de la naturaleza. En otras palabras, los dioses y la mitología de los antiguos hawaianos son intrínsecamente naturalistas y, hasta cierto punto, animistas. Otro concepto filosófico importante entre los antiguos hawaianos es la relación del individuo con el universo físico que le rodea mediante el uso de pares de opuestos. Las ideas de noche y día, luz y oscuridad, hombre y mujer, o tierra y agua impregnan la mitología hawaiana y la composición de los cantos.

Los dioses se representan a menudo en las historias hawaianas como jefes y señores, y a veces habitan en tierras fantásticas y moradas en los cielos. De los grandes dioses a los que se rinde culto, ninguno se menciona con más frecuencia que los dioses Ku, Kane, Lono y Kanaloa, como demuestran múltiples escritos y cartas de los primeros misioneros. Estos dioses suelen ser invocados juntos en cánticos y canciones. De hecho, la primera oración de algunas ceremonias a menudo no es más que una enumeración e invocación de los numerosos nombres del dios o dioses a los que se rinde culto a través de esa ceremonia.

Los dioses también tendrían familias, por lo que habría dioses subordinados dentro de esas familias. Estos «dioses menores» eran invocados por aquellos que esperaban obtener algo que estaba específicamente asociado con los dioses menores, como ciertas habilidades o el éxito en una actividad particular. Incluso los ladrones tenían un dios patrón en la mitología hawaiana.

Es probable que los cuatro «dioses mayores» fueran concebidos primero como deidades de la naturaleza con significado y poderes universales, para luego ser asociados con seres humanos particulares y rasgos humanos. Esto explicaría por qué algunos nativos hawaianos veían al capitán James Cook como Lono, porque pensaban que el dios había regresado a ellos en la forma de este impresionante, aunque ajeno, hombre. En otras palabras, se piensa que la divinidad está latente y se infunde en cosas normales y cotidianas, como el agua. Solo se manifiesta en una forma física evidente cuando está activa. Esto dio más importancia a la descendencia genealógica para los antiguos hawaianos.

Como ocurre con muchas otras culturas, la mitología hawaiana reconoce un periodo de la historia anterior a los humanos en el que solo los espíritus y los dioses poblaban los mares y las tierras. Hay una notable ausencia de mitología primitiva o cósmica detallada. Las migraciones posteriores desde Tahití, que antes se llamaba «Kahiki», también han dejado su huella en los cantos y las leyendas, lo que se evidencia en las identidades lingüísticas y las formas correspondientes, como morfemas, nombres fonológicamente similares, etc. Los hawaianos mantuvieron vivos sus vínculos ancestrales con los kahiki, ya que los honraban como progenitores de la línea familiar. Las tramas de los cuentos heroicos y los romances se remontan a los jefes de Tahití.

Kahuna

Incluso los sacerdotes de la antigua Hawai'i estaban divididos en varias órdenes, algunas de ellas de carácter hereditario. El método de enseñanza y comunicación se basaba en la memorización, por lo que los sacerdotes tenían un deber especial. Tenían que memorizar las largas oraciones y los sistemas de nomenclatura de los dioses y de las familias. De ahí que los *kahuna*, además de ser los sacerdotes y chamanes de las islas, fueran también la clase erudita de la antigua Hawai'i, que transmitía los conocimientos acumulados de astronomía, historia, medicina, filosofía y teología. Más tarde, el término cambiaría para encapsular también el significado de «experto» o referirse a alguien que es una autoridad en un tema.

Un kahuna hawaiano, alrededor de 1890
https://commons.wikimedia.org/wiki/File:Hawaiian_Kahuna_Kahiko_(PP-33-11-023).jpg

Kane

Según los relatos de los misioneros y europeos que establecieron el primer contacto documentado con los antiguos nativos hawaianos, el dios Kane era el principal de su panteón de dioses. Kane era el gran dios de la procreación y también era adorado como antepasado tanto de la realeza (jefes de diferentes niveles) como de los plebeyos. Kane es una figura central tanto en el relato de la creación del mundo como en muchas versiones del Kumu-Honua, la leyenda del primer hombre en la Tierra.

Se dice que Kane creó tres mundos, siendo el primero el cielo superior, un reino donde los dioses habitan en lo alto de la tierra. El segundo mundo sería el cielo inferior, que descansa justo encima de la tierra, el lugar del cielo, las estrellas, las nubes y la lluvia. El tercer mundo sería entonces el jardín de la Tierra, con la humanidad y todos los animales y plantas que había en él. Después, se dice que Kane hizo al hombre con una combinación de arcillas. El lado derecho de la cabeza del hombre se hizo con arcillas del norte y del este, mientras que el lado izquierdo de la cabeza se hizo con arcillas del sur y del oeste. Luego, trabajando junto con los dioses Ku y Lono, Kane y Ku respiraron en las fosas nasales del hombre formado, mientras que Lono respiró en su boca, dando así vida al hombre. Muchos relatos de los antiguos mitos y leyendas hawaianos tienen demasiadas similitudes con las historias bíblicas como para ser una coincidencia. De hecho, muchos estudiosos consideran que estos relatos han sido pintados con un colorido y un énfasis decididamente cristianos, sobre todo porque algunos de los primeros europeos que escribieron sobre la mitología nativa hawaiana eran misioneros. Sin embargo, tras eliminar los elementos del cristianismo que probablemente se incluyeron inadvertidamente, estos relatos no están demasiado alejados de la verdad, como demuestran sus similitudes con los mitos tahitianos de la creación.

Kane sería adorado en los *heiaus* sin imágenes durante mucho tiempo. Algunos *heiaus* tenían piedras con forma cónica que representaban a Kane, posiblemente con algunas pinturas o tallas para dar más carácter a la piedra. La gente acudía a ofrecer comida y a rezar para pedir perdón por las infracciones que pudieran haber cometido contra las leyes de la tierra. La piedra de Kane también tiene cierta relación con la forma del órgano sexual masculino, lo que está en consonancia con los poderes generativos de Kane sobre la vida y la humanidad. Cuando se adoraba a Kane, las familias tenían su propio *'aumakua* (dios de la familia), y se reflejaba en los nombres de su propio dios Kane. La variedad de estos nombres de dioses familiares era muy amplia, llegando a los miles, pero todos se referían a un solo dios. En consecuencia, en los *heiaus* había un altar central en el que se ofrecían alimentos y oraciones.

Un ejemplo de las innumerables formas de adoración a Kane es el culto a Kane-hekili, que significa «Kane en el trueno». Los nativos hawaianos adoraban a Kane-hekili como *'aumakua* en la isla de Maui, junto con otros dioses del trueno y el rayo. Cuando se producía una tormenta fuerte y ruidosa, las leyendas dicen que era costumbre poner todos los recipientes boca abajo y tumbarse boca abajo, sin hacer ningún ruido. El silencio durante esas fuertes tormentas se consideraba el *tapu* (ley) de Kane-hekili.

Otra leyenda habla de la cueva Kaneana de O'ahu, que tiene dos piedras que se asemejan a formas humanoides. Se dice que son las formas petrificadas de dos niños que desobedecieron las instrucciones de su madre de permanecer quietos y en silencio durante la tormenta. Estas costumbres eran observadas por cualquier familia que reclamara un *'aumakua* del trueno, adorando así a Kanehekili.

Muchos jefes de los primeros hawaianos creen que descienden directamente del propio Kane y que son de la línea Ulu o Nanaulu. Estos jefes tenían un rango superior al de otros jefes, que tenían una genealogía familiar menos distinguida. Este prestigio iba acompañado del poder de dictar *tapus* y juzgar las ofensas. A veces su autoridad se acercaba incluso al estatus divino, y tenían influencia en asuntos de vida y muerte. Se les conocía como *na li'i kapu akua*, o «jefes con el tapus de los dioses».

Ku

Ku e Hina son las formas masculina y femenina, respectivamente, de los grandes dioses ancestrales del cielo y la Tierra. Lingüísticamente, Ku significa erguido y estar de pie, mientras que Hina significa inclinarse y estar tumbado. Los movimientos solares también pueden etiquetarse con estos términos, denominándose Ku al sol naciente y Hina al sol poniente.

Por lo tanto, Ku es la expresión del poder generativo y la virilidad masculina. Hina se considera la expresión de la fertilidad femenina y el poder de crecimiento y producción. Juntos forman un todo inclusivo, en el que Ku preside a todos los espíritus y dioses masculinos e Hina a los femeninos. Al igual que otros simbolismos fálicos, Ku se representa como una piedra puntiaguda y erguida, un *pohaku*, que ha llegado a significar «piedra o roca» en el idioma hawaiano actual. La energía femenina primordial de Hina se simboliza con una piedra plana y redondeada que está tumbada, que se llama papa.

Escultura del dios Ku en su forma de dios de la guerra Ku-ka'ili-moku, que significa «Ku, el Arrebatador de Tierras»
Credito jmcd303, CC BY-SA 2.0 https://creativecommons.org/licenses/by-sa/2.0 via Wikimedia Commons
https://commons.wikimedia.org/wiki/File:Ku_woodcarving_in_heiau.jpg

La familia de dioses a los que se les da el nombre de Ku son muchos y abarcan cosas como los bosques, la lluvia, la pesca y la guerra, por nombrar algunos. Algunos ejemplos son el dios de la guerra, Ku-nui-akea (Ku el supremo); el dios de la pesca, Ku'ula (Ku de las bondades del mar); y el dios de la tierra verde, Ku-olono-wao (Ku del bosque profundo). Los dioses Ku del bosque eran venerados por los cazadores y recolectores que se aventuraban tierra adentro para recoger alimentos silvestres en tiempos de escasez y necesidad. Los constructores de canoas rezaban a sus dioses de la construcción de canoas para que les ayudaran en actividades o dificultades específicas, como ahuecar una canoa con una azuela de bisel, una herramienta de carpintería.

Kanaloa

Aunque Kanaloa se menciona a menudo entre los principales dioses de la antigua Hawai'i, no se sabe mucho sobre él. Kanaloa es el dios del calamar y podría estar relacionado con el dios que rompe la influencia maligna de la hechicería y la magia negra. Sin embargo, Kanaloa es tratado con un nivel de desconfianza poco común para los dioses principales del panteón hawaiano. No se le invoca con el mismo nivel de confianza y devoción que a otros *'aumakua*, y se le asocia con ciertas cualidades del agua profunda y oscura. Estas cualidades recuerdan a la incertidumbre, el peligro, los espíritus oscuros, la muerte y otros temas del inframundo. Se cuentan varias leyendas de lucha y conflicto con el dios Kane en las que Kanaloa y sus espíritus subordinados se rebelan contra los dioses del cielo, Kane en particular.

Aunque la leyenda sitúa a Kane y Kanaloa en oposición como dioses buenos y malos de la humanidad, algunas leyendas los muestran como mitades complementarias de un todo. Esto también se pone de manifiesto en genealogías más amplias de dioses similares en toda la Polinesia, donde también tienen dominio sobre el más allá. Estas conexiones de la muerte y la creación muestran que Kane y Kanaloa eran dos mitades necesarias del mundo, una filosofía que no se preocupa demasiado por la dicotomía del bien contra el mal. En las actividades culturales y en los cantos antiguos, existe una gran cantidad de tradiciones míticas y religiosas que invocan a Kane y Kanaloa juntos. Ambos dioses eran invocados por quienes estaban relacionados con las canoas, ya fueran constructores, exploradores o marineros, siendo Kane para la consagración de las canoas recién construidas y Kanaloa para la navegación.

También se dice que la isla de Kaho'olawe pertenece a Kanaloa. Algunos cantos e historias orales consideran que el dios tahitiano

Ta'aroa, el dios contemporáneo u originario de Kanaloa, desembarcó en las costas de Kaho'olawe y dio su nombre a la isla. Además, Kane y Kanaloa son descritos como ávidos bebedores de *awa* (kava) y buscadores de agua, exploradores y cultivadores de nuevas islas. Mitológicamente, tanto Kane como Kanaloa son descritos como dioses que vivían en el cuerpo de los hombres.

Lono

Algunos estudiosos creen que Lono fue una fusión posterior de los dioses tahitianos Ro'o y Tane, siendo Ro'o el mensajero de Tane. Eran los dioses del cielo, las nubes, la lluvia y las tormentas. En Hawai'i, Lono es el que influye y domina las nubes, los truenos, los relámpagos y los torbellinos. Como los antiguos hawaianos estaban expuestos a muchas interacciones entre los vientos, el agua, la lluvia y las olas, establecieron conexiones míticas y meteorológicas entre fenómenos como las trombas de agua, los manantiales de las montañas y las formaciones de nubes. Se consideraba que estas cosas estaban bajo el ámbito del dios Lono. Por ello, la orden de sacerdotes que rendía culto a Lono instalaba *heiaus* para rezar por la lluvia y las condiciones meteorológicas favorables para la navegación y la pesca. Los sacerdotes de Lono existieron hasta bien entrada la época del rey Kamehameha, y construyeron *heiaus* y santuarios para rezar por la liberación de enfermedades y por la abundancia de lluvias y cosechas.

Figura que representa al dios hawaiano Lono, hacia 1790
Credito: Sailko, CC BY 3.0 https://creativecommons.org/licenses/by/3.0 via Wikimedia Commons
https://commons.wikimedia.org/wiki/File:Hawaii,_figura_del_dio_lono,_1790_ca._01.JPG

Pele

En 1840, el célebre geólogo estadounidense James Dana dedujo correctamente que las islas de Hawai'i se formaron a partir de la actividad de un punto caliente volcánico, siendo la isla más joven la «isla Grande», la propia isla de Hawai'i, y la más antigua la isla de Kaua'i. Lo dedujo a partir de las observaciones de los grados de erosión de los picos volcánicos de las islas.

Los antiguos hawaianos ya habían reconocido este patrón de edad decreciente desde el noroeste hasta el sureste de la cadena de islas hawaianas, y así se representa en el relato de la leyenda de Pele.

Se dice que la diosa del volcán Pele y su familia procedían de la tierra de Kahiki (Tahití), que los antiguos hawaianos consideraban una tierra mítica y lejana. En la línea de la mitología hawaiana centrada en las familias y los dioses que tienen un elemento determinado con el que están íntimamente conectados, Pele y su familia buscaron construir un hogar de lava y fuego en una hondonada volcánica. Comenzó a cavar en la isla en la que su familia desembarcó por primera vez, la isla de Niʻihau. Pero por cada agujero grande y profundo que cavaba, las aguas subterráneas se precipitaban e inundaban la fosa, haciéndola inadecuada para ella y su familia.

Pele continuó con sus esfuerzos en todas las islas, abriéndose camino hacia el sur, solo para que sus esfuerzos fracasaran una y otra vez. Cuando llegó a la isla de Hawaiʻi, pudo encontrar un hogar para su familia en las fosas libres de agua de Mokuʻaweoweo y Halemaʻumaʻu. Pele y su familia hicieron allí sus moradas en hogares ardientes de lava y magma. En la actualidad, esas dos fosas se encuentran en las calderas de Mauna Loa y Kilauea, respectivamente, siendo Mauna Loa el mayor volcán activo de la Tierra y Kilauea el más activo de Hawaiʻi.

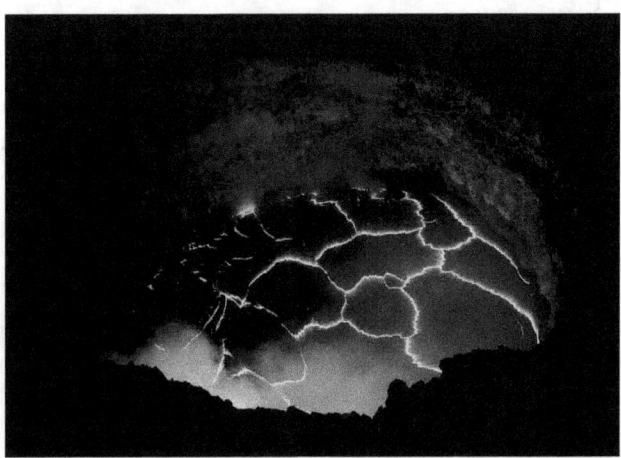

Cráter de Halemaʻumaʻu, volcán Kilauea
Credito: Ivan Vtorov, CC BY-SA 3.0 https://creativecommons.org/licenses/by-sa/3.0 via Wikimedia Commons
https://commons.wikimedia.org/wiki/File:Halema%27uma%27u_Crater_in_Kilauea_volca

El origen volcánico de Hawai'i ha sido en gran medida una ventaja para los antiguos y los nativos hawaianos. El rico contenido mineral hace que el suelo sea extremadamente fértil, y el vidrio volcánico era un recurso inestimable para los antiguos hawaianos, que utilizaban las afiladas escamas para taladros, herramientas de corte y otros utensilios. Las investigaciones arqueológicas también demuestran que los antiguos hawaianos disponían de una extensa explotación minera y de canteras cerca de la cima sur del Mauna Kea, una zona rica en basalto de grano fino. Se utilizaron para fabricar azuelas y otras herramientas similares, a pesar de que el yacimiento estaba situado en un entorno peligroso e inhóspito.

Antenas cubiertas de hebras que parecen pelo en Pu'u O'o, cerca de Kilauea, Hawai'i. Estos pelos son finas hebras endurecidas de vidrio volcánico. En Hawai'i, se les llama «lauoho o Pele» o «pelo de Pele», y llevan el nombre de la diosa
https://commons.wikimedia.org/wiki/File:Peleshair_on_antenna.jpg

Las piedras y cantos rodados que se asemejan a los genitales masculinos y femeninos solían tener un significado especial para los antiguos hawaianos, y algunas agrupaciones de grandes cantos rodados se reconocían como «piedras de parto» especiales. Las visitaban las esposas embarazadas de los jefes y otras mujeres embarazadas de la realeza. Las tradiciones orales cuentan que se tumbaban encima de estas piedras o las tocaban y veneraban para atraer la buena suerte y la salud tanto para ellas como para sus bebés. Estas asociaciones de formaciones de rocas y piedras con deidades y dioses menores eran comunes en los primeros tiempos de Hawai'i. Algunas incluso formaban el lugar de los santuarios religiosos, y otras piedras grandes eran conocidas como «piedras de campana», que hacían sonar tonos sonoros al ser golpeadas.

Capítulo 4 - Punto de contacto

La trayectoria histórica de Hawai'i cambió drásticamente al entrar en contacto con los exploradores europeos, que comenzó con la llegada del explorador británico James Cook en 1778. A pesar de que este es el caso más conocido y mejor documentado del contacto hawaiano con los viajeros europeos, los archivos españoles tienen documentación de una flota de barcos conquistadores que navegaron desde el extremo sur de México hacia las Filipinas y que llegaron a islas que se parecían a Hawai'i. Sin embargo, estos hallazgos y descubrimientos no fueron publicitados ni dados a conocer ampliamente por España. Con toda probabilidad, España mantuvo en secreto el descubrimiento de las islas hawaianas para mantener la supremacía sobre las líneas comerciales y conservar una ventaja naval.

La llegada de James Cook

Aparte de las reclamaciones controvertidas, generalmente se atribuye a James Cook ser el primer europeo en «descubrir» Hawai'i, y realizó dos viajes a la isla. Ya había realizado dos viajes alrededor del globo, y el 8 de diciembre de 1777 capitaneó dos barcos armados, el *Discovery* y el *Resolution*, para poner rumbo a la costa noroeste de Norteamérica desde las islas de la Sociedad, donde se encuentra Tahití. Un mes más tarde, en enero de 1778,

James Cook desembarcó en O'ahu y divisó la isla de Kaua'i justo al frente. En los días siguientes navegó hacia Ni'ihau y acabó entrando en contacto con los hawaianos de la zona sureste de Kaua'i. Los lugareños y James Cook hicieron trueque e intercambiaron verduras y pescado por clavos y metal. El capitán Cook se sorprendió de su amabilidad y de su capacidad para hablar una lengua no muy diferente de la que se hablaba en las islas de la Sociedad.

Poco a poco, a medida que los barcos se dirigían a costas más agradables, la noticia se extendió entre los nativos y la excitación aumentó. James Cook tomó nota de la gran cantidad de gente que se reunía para ver la novedosa visión de sus barcos, de él mismo y de los otros extraños visitantes. Al intentar desembarcar con tres embarcaciones armadas, algunos lugareños presionaron demasiado al grupo de James Cook e intentaron arrebatarles los remos, los mosquetes y cualquier otra cosa que pareciera interesante y moderna. La comitiva de Cook se vio obligada a disparar un tiro de advertencia, matando a un hombre, pero restableciendo en el proceso un límite de espacio personal entre ellos y los nativos.

Con el tiempo, los nativos llegaron a venerar e incluso adorar al capitán Cook y a sus hombres, ya que los consideraban reyes o seres con autoridad divina. Una vez que el capitán Cook y sus barcos anclaron en la bahía de Waimea, los nativos llevaron ofrendas de cerdos capturados y plátanos, y los sacerdotes y chamanes realizaron oraciones. A cambio, el capitán Cook les regaló clavos, cuchillos, trozos de hierro y telas, lo que agradó mucho a los nativos, ya que el hierro era un recurso escaso y se consideraba un metal precioso. De hecho, incluso las plumas rojas y los mantos sagrados que se reservaban para la realeza fueron ofrecidos al capitán Cook.

Finalmente, se aventuró tierra adentro con unos pocos hombres, entre ellos su cirujano y el artista de la expedición. Le siguió un grupo de nativos, y acabó subiendo por un valle para visitar un *heiau*, del que escribió descripciones y pidió que le hicieran un dibujo. En los días siguientes, Cook visitaría las islas de Ni'ihau y Kaua'i. Cuando abandonaba Kaua'i, recibió la visita de un joven jefe de alto rango y de su esposa, que intercambiaron regalos con el capitán Cook. En resumen, la visita de Cook a las islas fue recibida con el máximo respeto, probablemente por una percepción de divinidad, y la gente le permitió recoger agua fresca, reponer provisiones y comerciar. Este introdujo en las costas de Hawai'i semillas de melón, calabaza y cebolla, y toda su tripulación fue, en general, tratada muy hospitalariamente por los nativos.

Dibujo de un heiau en Waimea, Kaua'i, realizado por John Webber, miembro de la expedición de James Cook, hacia 1778-1779. Grabado por D. K. Bonatti, según dibujos de G. Gattina
https://commons.wikimedia.org/wiki/File:Heiau_at_Waimea_by_John_Webber.jpg

Viaje de vuelta

Según cuentan, los nativos hawaianos estaban bastante perplejos por el carácter y la apariencia de sus nuevos visitantes y los tenían en gran estima y asombro. La mayoría de los nativos veían al capitán Cook como una encarnación del dios Lono, que, como los nativos y los sacerdotes habían predicho y supuesto anteriormente, había regresado en una forma diferente para cumplir antiguas profecías. Sospechaban, con razón, que Cook y su tripulación habían llegado de Kahiki y de las otras tierras misteriosas al sur de Hawai'i. Los mensajeros enviaron descripciones orales de Cook y sus hombres a O'ahu, Maui y las demás islas. Los mensajeros decían que «estos hombres son blancos, su piel está suelta y arrugada, sus cabezas son angulosas y de sus bocas sale humo y fuego. Sus cuerpos tienen aberturas en las que meten las manos y sacan cuentas, clavos, trozos de hierro y otros tesoros. Su lenguaje es ininteligible».

La segunda visita del capitán Cook a Hawai'i se produjo en el año 1779, tras explorar la costa de Alaska y el estrecho de Bering, y cartografiar regiones del océano Ártico. Efectivamente, James Cook era un navegante y cartógrafo espectacular. Cook pasó unas semanas navegando alrededor de las islas de Hawai'i, anclando finalmente en la bahía de Kealakekua. Los archivos cuentan que un anciano sacerdote veneró el regreso de Cook con símbolos reales de capas de plumas rojas y valiosas ofrendas. Al desembarcar, Cook fue conducido a un *heiau* dedicado al dios Lono, donde fue sometido a diversas ceremonias y se instaló una imagen suya como encarnación del dios. Después, fue seguido por sacerdotes y recibió veneración y culto allá donde iba, ya que los sacerdotes le seguían con varitas y aconsejaban a los lugareños que se postraran.

Por aquel entonces, el rey de Hawai'i, Kalani'opu'u, estaba en guerra con un aspirante al trono, Kahekili. Pocos días después del desembarco de Cook, el rey Kalani'opu'u hizo una gran visita a los barcos del capitán Cook, trayendo consigo tres grandes canoas y llevando como regalo ídolos de mimbre adornados con joyas. Los ídolos tenían incrustaciones de nácar y dientes de tiburón. El capitán Cook recibió a la comitiva real a bordo del *Resolution* y obsequió al rey con camisas de lino y un hermoso alfanje. El capitán Cook también presentó un espectáculo de fuegos artificiales, que impresionó mucho a los nativos, pues nunca habían visto cosas semejantes.

Aun así, los lugareños empezaron a cansarse de recibir al capitán Cook y a sus hombres, ya que los recién llegados desconocían los tabúes y costumbres locales, que se denominaban *kapu*. De hecho, el concepto polinesio de *tapu* es del que deriva nuestra palabra «tabú». Estas violaciones por parte de James Cook y sus hombres sembrarían la duda sobre su supuesta naturaleza divina, y los hombres fueron recibidos con disgusto. Además, los lujosos regalos empezaron a resultar onerosos y caros, ya que la carne y los productos frescos eran lujos que requerían mucho trabajo para su obtención. La muerte de uno de los marineros europeos también desilusionó a los nativos, que veían a los hombres como encarnaciones de dioses. Como resultado, las peleas y disputas por el comercio y los intercambios se hicieron cada vez más comunes, llegando a convertirse en robos y pequeñas peleas.

A principios de febrero de 1779, el rey Kalani'opu'u regaló al capitán Cook una inmensa cantidad de verduras, una piara entera de cerdos y una amplia colección de ropa y telas de corteza. Cook quedó asombrado por el volumen y la magnitud del regalo, que probablemente pretendía ser un obsequio de despedida destinado a verlos partir. El capitán Cook partió poco después de recibir el regalo, y puso sus miras en las islas de Sotavento, en el Caribe. Desgraciadamente, se encontró con un violento vendaval y el *Resolution* dañó su trinquete, lo que les obligó a regresar a la bahía de Kealakekua para repararlo. Lo que les recibió fue «un silencio ominoso por todas partes... sin una canoa a la vista». Un barco enviado a tierra trajo la noticia al capitán Cook de que el rey Kalani'opu'u estaba ausente y había puesto la bahía bajo *kapu*, haciendo que la bahía estuviera prohibida. Se suministraron canoas con provisiones, pero el trato amistoso que se había expresado anteriormente no apareció por ningún lado, y se exigieron dagas de hierro a cambio de las provisiones.

Poco después, la situación empeoró, ya que unos cuantos nativos robaron algunos utensilios de metal del *Discovery*, ya sea en represalia por un desaire percibido o por falta de hierro y metal. Palea, un jefe al que se le había encomendado la supervisión del pueblo, fue tras los ladrones, y se produjo una pelea entre los nativos y los marineros que agrió aún más las relaciones. La noche siguiente, los nativos robaron un barco grande y rápido del *Discovery* y lo destrozaron en busca del hierro que lo mantenía unido.

Esto hizo que el capitán Cook intentara secuestrar al rey Kalani'opu'u y mantenerlo prisionero hasta que le devolvieran el barco robado. Esta táctica ya le había funcionado a Cook en otras islas del sur. Así, desembarcó con un teniente y nueve marineros, y se dirigió a la casa de Kalani'opu'u. El plan de Cook era invitarle a subir a bordo del *Resolution* y pasar el día con él. Los hombres del capitán Cook también habían formado un bloqueo de la bahía con tres barcos bien armados y tripulados. Por desgracia, mientras el capitán Cook intentaba invitar al rey Kalani'opu'u a subir al *Resolution*, una canoa que no sabía nada del bloqueo entró en la bahía y fue disparada. Kalimu, el hermano del jefe Palea, resultó muerto, y la noticia de su muerte llegó rápidamente al rey y a sus guardias.

Cuando una gran multitud de nativos armados se reunió para impedir que el capitán Cook volviera a su barco, el rey se dio cuenta poco a poco de que el capitán Cook era su enemigo. El capitán Cook y sus hombres intentaron lanzar sus barcos y huir, pero se produjo una pelea. Se lanzaron piedras, puñales y espadas, lo que provocó que el capitán Cook muriera apuñalado y otros cuatro marineros. El teniente John Gore, que estaba a bordo del *Resolution*, vio lo que ocurría con su catalejo y ordenó disparar varias balas de cañón contra la multitud que perseguía a los hombres que huían. A raíz de ello murieron diecisiete nativos. El cuerpo del capitán Cook fue trasladado a un *heiau*, donde se realizaron los ritos funerarios. Le quitaron la carne para quemarla, y limpiaron y deificaron sus huesos. Finalmente, algunos de sus restos fueron llevados por sacerdotes amigos para ser devueltos a los marineros.

El sitio conmemorativo del capitán Cook, que dice «Cerca de este lugar el capitán James Cook encontró su muerte el 14 de febrero de 1779»
Credito: gillfoto, CC BY-SA 4.0 https://creativecommons.org/licenses/by-sa/4.0 via Wikimedia Commons https://commons.wikimedia.org/wiki/File:Hawaii_WikiC_9015.jpg

Incluso después de su muerte, los diarios y escritos de James Cook llevaron a muchos otros exploradores y marineros a las islas de Hawaiʻi, cambiando para siempre la vida de los nativos hawaianos. La inesperada muerte de Cook disuadió a otras expediciones hacia las islas hawaianas durante más de siete años, y en este tiempo, Hawaiʻi se separó en tres reinos más pequeños tras la ruptura del reino de Kalaniʻopuʻu. Hacia el año 1780, Kalaniʻopuʻu celebró un gran consejo entre sus altos jefes para resolver la sucesión de su reino, y entre los presentes se encontraba el sobrino de Kalaniʻopuʻu, Kamehameha, quien fue nombrado líder religioso y representante del dios hawaiano de la guerra, Ku-kaʻili-moku. El rey Kalaniʻopuʻu murió en la primavera de 1782, y la redistribución de las tierras era habitual tras el fallecimiento de un *moʻi*, o gran gobernante. El caos y las luchas de poder siguieron a su fallecimiento, y se produjeron muchas disputas y rebeliones en los años siguientes.

Más por venir

Parte de la narración de los últimos viajes del capitán Cook mostraba los beneficios potenciales que podían obtenerse con el comercio y la exploración. Los comerciantes de pieles obtenían beneficios del comercio con los nativos americanos de la costa noroeste de América. Expediciones procedentes de la India, Inglaterra, China y varias partes de América se lanzaron a este comercio, siendo el principal punto de encuentro la isla de Vancouver. La isla estaba situada justo encima de lo que hoy es la frontera norte entre los Estados Unidos de América y Canadá. La pequeña masa de agua que se encontraba en el extremo occidental de la isla de Vancouver se llamaba Nootka Sound, donde «sound» significa una parte del mar que se convierte en una especie de ensenada.

Los primeros barcos de los que se tiene constancia que visitaron las islas hawaianas tras la muerte de James Cook fueron el *King George*, al mando del capitán Nathaniel Portlock, y el *Queen Charlotte*, al mando del capitán George Dixon. Ambos comandantes habían servido antes a las órdenes del capitán Cook y partieron de Londres para navegar juntos. No fueron bienvenidos en la bahía de Kealakekua y se dirigieron hacia Oʻahu, anclando en la bahía de Waialae. Por la misma época, un explorador francés llegó a las costas orientales de Maui, cerca de Honuaʻula. Dixon y Portlock compraron alimentos y agua dulce pagando con clavos de hierro y armas metálicas. El capitán Portlock también observó que casi todas las dagas de hierro que el capitán Cook había vendido, intercambiado y regalado habían acabado en manos de Kahekili y sus guerreros. Unos meses después, Dixon y Portlock volvieron a visitar las islas de Hawaiʻi en 1786, intercambiando aros de hierro, cuentas y clavos por provisiones, madera y agua. Llegaron a Waialae, Oʻahu y Waimea, Kauaʻi, antes de dirigirse a China.

Una de las visitas notables a Kauaʻi fue la del *Nootka*, un barco que dirigía el capitán John Meares. Tras pasar un mes en Kauaʻi, un famoso jefe llamado Kaʻiana fue con el capitán Meares como pasajero, donde continuaron hacia Cantón, China, hoy conocida como la actual Guangzhou. El capitán Portlock conocía a Kaʻiana como Tyanna, una forma anglicista de la pronunciación hawaiana, y era un hombre alto. Kaʻiana fue huésped de sus amigos ingleses y tuvo una estancia cálida y hospitalaria. Debido a su alta estatura y a su capa y casco de plumas, Kaʻiana recorría las calles de Cantón aterrorizando a los chinos locales con su imponente figura.

Al cabo de tres meses, el capitán Meares equipó y encargó a dos barcos, el *Felice Adventurer* y el *Iphigenia*, que siguieran comerciando con pieles y llevaran a Kaʻiana y a otros tres nativos como pasajeros. Kaʻiana subió a bordo del *Iphigenia*, que estaba al mando del capitán William Douglas, y Kaʻiana llegó de nuevo a la isla de Hawaiʻi a la bahía de Kealakekua, donde fue recibido por Kamehameha. La fiesta de bienvenida consistía en doce grandes canoas dobles que estaban bellamente decoradas y adornadas. Por desgracia, Kamehameha trajo la noticia de que Kaʻeo, el rey de Kauaʻi, se había vuelto hostil hacia Kaʻiana, y esta aceptó la oferta de Kamehameha de entrar a su servicio como forma de protección.

En esa época, las islas hawaianas estaban plagadas de guerras e inestabilidad, y Kamehameha reconoció la ventaja de tener a su lado a un jefe que fuera culto y estuviera familiarizado con las costumbres extranjeras. A Kaʻiana se le concedió una gran propiedad para vivir y supervisar como territorio propio en la isla de Hawaiʻi. A cambio, la colección de bienes, herramientas y armas de fuego extranjeras de Kaʻiana estaba ahora bajo el control indirecto de Kamehameha.

El ascenso de Kamehameha

Poco después de desembarcar en la isla de Hawaiʻi, Kaʻiana pidió al capitán Douglas que regalara a Kamehameha un cañón giratorio para montarlo en una gran canoa doble. Tras mucha persuasión, el capitán Douglas cedió. Este fue uno de los primeros casos registrados de Kamehameha recopilando armas de fuego y reuniendo su fuerza militar.

El rey Kamehameha I representado en la práctica de la lanza
https://commons.wikimedia.org/wiki/File:Kamehameha_I_at_Spear_Practice_(3),_from_Brother_Bertram_Photograph_Collection.jpg

En particular, un alto jefe y consejero de Kamehameha llamado Kameʻeiamoku tendió una emboscada a un barco estadounidense, el *Fair American*, en represalia por las ofensas anteriores de otro barco estadounidense, el *Eleanor*, que estaba capitaneado por Simon Metcalfe. El capitán Metcalfe también había utilizado el *Eleanor* para masacrar a más de cien nativos inocentes en Olowalu, Maui, en 1790, porque Olowalu era el pueblo de origen de los presuntos ladrones de uno de los barcos del capitán Metcalfe. Este incidente se conocería como la masacre de Olowalu. Por coincidencia, el *Fair American* estaba capitaneado por el hijo de Simon Metcalfe, Thomas Metcalfe.

El *Fair American* fue apresado y Thomas Metcalfe fue asesinado, junto con casi toda la tripulación. El único superviviente fue Isaac Davis, que era oficial a bordo del barco, y fue reunido con

John Young, un contramaestre detenido que había estado previamente a bordo del *Eleanora*. Estos dos serían tratados con amabilidad y generosidad por Kameʻeiamoku porque Kamehameha los quería de su lado por su experiencia en el manejo de mosquetes y cañones. Fueron elevados al rango de jefes y recibieron una remuneración por sus servicios en la guerra y sus consejos. Las tropas de hombres fueron entrenadas por Young y Davis en el manejo de los mosquetes y el tiro, y con el tiempo demostrarían ser asesores y generales inestimables para el rey Kamehameha.

A continuación, Kamehameha envió una convocatoria a Keoua Kuʻahuʻula, hijo del antiguo rey Kalaniʻopuʻu, y a Keawemaʻuhili, que era hermanastro del rey Kalaniʻopuʻu, lo que le convertía en tío de Kamehameha, para que le enviaran más hombres y canoas. Keoua Kuʻahuʻula se negó, pero Kamehameha contó con el apoyo de su tío Keawemaʻuhili, quien envió hombres junto con sus propios hijos.

Con ello, Kamehameha se sintió finalmente con fuerzas para invadir y tomar la isla de Maui.

Tras consolidar una gran fuerza de hombres y canoas, Kamehameha cruzó el canal en el verano de 1790 y desembarcó en Hana y luego en Hamakualoa. Aquí, derrotó a la vanguardia de las fuerzas de Maui y trasladó su flota a Kahului, donde finalmente se enfrentó al ejército de Maui, que estaba dirigido por los hijos de Kahekili. Los dos escuadrones de artillería de campaña dirigidos por Young y Davis, junto con la importante ventaja de Kamehameha en cuanto a mosquetería y potencia de fuego, hicieron retroceder a los guerreros de Maui y quebraron su moral. Kamehameha salió victorioso y no mostró ninguna piedad con las facciones vencidas, haciéndolas caer por los acantilados y obligándolas a atrincherarse en peñascos y cuevas, donde se les hizo pasar hambre.

Sin embargo, la conquista de Maui por parte de Kamehameha no fue permanente. Debido a su ausencia en la isla de Hawai'i, Keoua Ku'ahu'ula invadió el distrito de Hilo y mató a Keawema'uhili. Al enterarse de esta noticia, Kamehameha volvió a navegar con todas sus fuerzas desde Moloka'i hasta Hawai'i, desembarcando en Kawaihae. Las batallas resultantes hicieron retroceder a Keoua Ku'ahu'ula y forzaron una retirada, pero las batallas fueron indecisas.

Kamehameha retrocedió a Waipi'o para recuperarse de sus pérdidas, mientras que Keoua Ku'ahu'ula retrocedió a Hilo, donde empezó a planear su siguiente movimiento. Finalmente, en noviembre de 1790, Keoua Ku'ahu'ula emprendió una ruta por tierra que pasaba por el volcán Kilauea. Él y sus fuerzas acamparon allí durante dos días, a pesar de que el cráter mostraba signos de actividad. La suerte quiso que el Kilauea entrara en erupción al tercer día, arrojando nocivas nubes de arena negra, ceniza caliente y trozos de lava. El terrible terremoto y la destructiva lluvia mataron a más de la mitad de los hombres de Keoua Ku'ahu'ula y le obligaron a desplazarse antes de tiempo. Kamehameha consideró la erupción como una señal divina de la diosa Pele que le indicaba que él era el legítimo heredero de Hawai'i.

Un año más tarde, en 1791, Kamehameha finalmente capturó y mató a Keoua Ku'ahu'ula, que prácticamente había abandonado la lucha. Kamehameha hizo sacrificar a Keoua y a algunos de sus guerreros al dios de la guerra, Ku-ka'ili-moku, en el Pu'ukohola Heiau. Esto convirtió a Kamehameha en el amo indiscutible de la isla de Hawai'i.

Ruinas del Puʻukohola Heiau. Imagen tomada en 2007
Credito: Bamse, CC BY-SA 4.0 https://creativecommons.org/licenses/by-sa/4.0 via Wikimedia Commons https://commons.wikimedia.org/wiki/File:Pu%27ukohola_Heiau_temple2.jpg

Kahekili fallecería en julio de 1794, haciendo que sus descendientes, parientes y otros jefes lucharan y se pelearan por los asuntos en su ausencia. Posteriormente, su reino caería en el caos, y al estar tan disperso y desunido, las tierras cayeron una a una en manos de Kamehameha.

En 1795, debido a las luchas internas entre el hijo mayor de Kahekili, Kalanikupule, y otros miembros de la familia, Kamehameha vio que había llegado el momento de conquistar las otras islas. Reuniendo todas sus armas y hombres, Kamehameha comandó el que probablemente era el ejército más grande y mejor equipado que había visto el archipiélago hawaiano en aquella época. El grupo de guerra de Kamehameha navegó hasta Lahaina, Maui, y arrasó la costa oeste. El jefe al mando, Koalaukane, había huido a Oʻahu sin oponer resistencia. Kamehameha se dirigió entonces a Molokaʻi. Su batalla con las tropas de Oʻahu sería feroz, pero Kamehameha se impondría, haciéndole dueño de todas las islas excepto Kauaʻi y Niʻihau.

Antes de lanzar su ataque a Kauaʻi y Niʻihau, Kamehameha empleó a mecánicos extranjeros para que le construyeran un enorme barco que pesaba cuarenta toneladas y estaba armado con muchos cañones de cuatro libras. A pesar de sus planes, Kamehameha no esperó a completar este barco antes de zarpar a la guerra de Kauaʻi. Dedicó y consagró un *heiau* en Ewa con sacrificios humanos y trasladó su ejército y su flota a Waianae. Desde allí, navegaron al amparo de la noche hasta Kauaʻi, pero la flota se encontró con una feroz tempestad que hizo naufragar muchas de sus canoas y les obligó a regresar a Waianae.

Durante esta época, Kamehameha también se enfrentaba a una rebelión contra su autoridad en la isla de Hawaiʻi. Esto le llevó a navegar de vuelta a Hawaiʻi con el grueso de sus fuerzas y a aplastar la creciente rebelión. Esta fue la última de las guerras de Kamehameha, y puso fin a cualquier otra idea de desafiar su gobierno. Como la isla de Niʻihau no tenía muchos recursos ni oposición, Kamehameha la ignoró y acabó negociando una unificación pacífica entre las tierras que gobernaba y la isla de Kauaʻi. Consolidó su posición como primer rey de un Hawaiʻi unido, que se llamaría reino de Hawái.

Estatua del rey Kamehameha I en el vestíbulo del Capitolio de los Estados Unidos
Credito: Alacoolwiki, CC BY-SA 4.0 https://creativecommons.org/licenses/by-sa/4.0 via Wikimedia Commons https://commons.wikimedia.org/wiki/File:Kamehameha_Ier_2.jpg

Capítulo 5 - El reino de Hawái

Aunque el concepto de propiedad de la tierra es marcadamente diferente para los nativos hawaianos que para los europeos, sigue siendo correcto decir que la historia de las tierras hawaianas es una historia de esas tierras que pasan de manos de los nativos hawaianos a manos de otros.

Diferentes sistemas de tenencia

Una cadena sucesiva de monarcas nativos hawaianos intentó valientemente retener su soberanía sobre las tierras de Hawai'i, pero finalmente no lo consiguieron. Este patrón de desarrollo político no es atípico; casi todos los demás grupos de islas del Pacífico también cayeron en manos de Occidente en el transcurso de unos pocos cientos de años. Por ejemplo, el control de facto de Nueva Zelanda fue cedido lentamente a Gran Bretaña, primero a través de un tratado firmado por los jefes maoríes en 1840 y luego por los jefes de Fiyi, que transfirieron la soberanía a la reina Victoria en 1874. Más adelante, Gran Bretaña reclamaría Tuvalu y Kiribati, seguidas por el sur de las Islas Salomón, como sus territorios o protectorados.

Antes de la influencia europea y de las maniobras políticas, el sistema de propiedad de la tierra predominante era un acuerdo centrado en los nativos, complejo y basado en necesidades agrícolas y sociales interdependientes. Esto se expresaba en un espíritu de reciprocidad entre el pueblo y la tierra, o *'aina*. La *'aina* no era algo que se pudiera comerciar, vender o comprar. Es más exacto decir que la tierra debía ser controlada a través de un sistema de responsabilidad conjunta y de rendición de cuentas que debía ser gestionado por los jefes de Hawai'i, los *ali'i*. El sistema hawaiano de tenencia de la tierra consideraba que cualquier manejo de la tierra de forma transaccional era degradante tanto para la familia como para ellos mismos. Por ello, incluso los jefes y los reyes solo debían ocuparse de la distribución y el reparto de la tierra como fiduciarios de una autoridad superior.

Muerte por enfermedad

Trágicamente, los extranjeros que llegaron a Hawai'i trajeron muchos gérmenes, patógenos y virus que infectaron a la población nativa local. Las islas de Hawai'i llevaban mucho tiempo aisladas del resto del mundo, con poco o ningún contacto con patógenos emergentes. Esto significaba que los hawaianos eran muy susceptibles y vulnerables a estas enfermedades extranjeras. Para agravar aún más el problema, los estrechos vínculos sociales y el estilo de vida comunal, que eran la norma cultural de los hawaianos, daban lugar a brotes de rápida propagación.

Además, había una marcada escasez de médicos y las epidemias asolaban a los nativos hawaianos en oleadas. En el siglo XIX, la población nativa estaba totalmente devastada. Las enfermedades venéreas, como la gonorrea y la sífilis, proliferaban debido a la falta de un tratamiento eficaz en aquella época. Se sospecha que estos virus e infecciones, que recibieron el apodo coloquial de la «maldición de Cook», fueron un factor importante en el drástico descenso de la natalidad de los nativos hawaianos. Además, enfermedades como la tuberculosis, la lepra y la sarna hacían la vida muy incómoda, dolorosa y aterradora. La disentería, el cólera y la fiebre tifoidea debilitaron aún más a la población, hasta el punto de que las muertes repentinas eran habituales. Los familiares podían pasar unos días sin ver a otro pariente, para darse cuenta de que había fallecido mientras trabajaba, recogía comida o realizaba sus actividades cotidianas. Las estimaciones locales sitúan el número de muertes a lo largo de los años como «la reducción de la población a la mitad», lo que confirman los análisis modernos.

Los hawaianos carecían de las inmunidades adaptadas a través de la exposición que tenían muchos de sus visitantes y huéspedes occidentales, lo que significaba que sucumbían al resfriado común y a la gripe en una proporción mucho mayor. También se produjeron brotes de sarampión y paperas que provocaron muertes infantiles y un mayor descenso de la población. En la década de 1850, a pesar de los esfuerzos preventivos de los capitanes, comerciantes y mercaderes visitantes, un brote de viruela infectó a más de seis mil hawaianos y provocó miles de muertes.

Una disminución tan drástica e irreparable de los nativos, combinada con la lenta y constante afluencia de extranjeros y su cultura, provocó un creciente estado de desorden y confusión en el reino de Hawái. A medida que los individuos morían y sus parcelas eran abandonadas, la gente de las comunidades rurales comenzó a marcharse lentamente y a acercarse a los centros urbanos en expansión. El comercio, la medicina y el apoyo social eran más fáciles de conseguir en los lugares más densamente poblados. Las aldeas y granjas más aisladas se descuidaron y abandonaron, ya que la cantidad de mano de obra de una comunidad o familia disminuyó lentamente y, con ella, su capacidad para cultivar y mantenerse.

Cambio de religión

La palpable desesperación que invadía Hawai'i a causa de las consecutivas oleadas de epidemias provocó un cambio significativo en la composición religiosa de las islas. La gente que buscaba tratamiento y respuestas de sus sacerdotes y chamanes tradicionales no estaba satisfecha con lo que recibía. Los hawaianos se apoyaban en su herencia espiritual y dependían de sus curanderos y líderes para que les mostraran una forma de sobrevivir a estos tiempos difíciles. Además, las antiguas creencias religiosas se vieron cuestionadas por la llegada y el proselitismo de los misioneros cristianos. Muchos nativos de Hawai'i se convirtieron al cristianismo, la mayoría como familias enteras o como individuos que no tenían otro lugar al que ir.

Representación artística del Ahu'ena Heiau en 1816
https://commons.wikimedia.org/wiki/File:Ahuena_heiau_1816.jpg

Otro factor importante en el abandono gradual de las antiguas costumbres fue el efecto de dos mujeres *ali'i* destacadas, que desafiaron el statu quo y el estatus de los *kapu*. Estas dos personas fueron Ka'ahumanu y Keopuolani, ambas esposas del rey Kamehameha I. La poligamia era más común en la realeza hawaiana que en los hawaianos normales, y los jefes y reyes de alto rango tenían varias esposas. Ka'ahumanu y Keopuolani eran políticamente poderosas y veían el sistema *kapu* como algo opresivo para las mujeres, y lo detestaban. Tras la muerte del rey Kamehameha I, presionaron más para abolir el sistema, y Kamehameha II, que era hijo del rey Kamehameha I, decidió apoyar a su madre y poner fin a numerosas prácticas *kapu*. Entre ellas estaba el fin de varias segregaciones de tareas por sexo y también permitió implícitamente que se produjera una mayor destrucción de muchos templos e ídolos de las islas, dirigida por los misioneros. Este extraordinario acontecimiento constituyó un momento histórico, ya que «el Hawai'i de antaño» había dejado de existir. Los historiadores y estudiosos actuales también creen firmemente que la medida de abolir estos antiguos sistemas también permitió a la dinastía Kamehameha proteger aún más su supremacía política asegurándose de que otros jefes ya no tuvieran acceso a las formas tradicionales de obtener o reclamar rango, prestigio o aprobación sociocultural.

La reina Ka'ahumanu con su sirviente, cuadro de Louis Choris, 1816
https://commons.wikimedia.org/wiki/File:Kaahumanu_with_servant.jpg

Este «vacío de poder espiritual» fue rápidamente llenado por los misioneros protestantes, especialmente una vez que un grupo de calvinistas procedentes de la Junta Americana de Comisionados para las Misiones Extranjeras obtuvo el permiso del rey Kamehameha II para permanecer en las islas. Estos misioneros no tardaron en dirigirse a O'ahu y Kaua'i, y poco a poco fueron ganando adeptos y poder político. Lo lograron con gran eficacia al establecer escuelas y enseñar la lengua y el sistema de escritura ingleses. Estas nuevas oportunidades de empleo, vivienda, aprendizaje y un lugar de pertenencia atrajeron a muchos nativos hawaianos hacia los recién llegados. Los misioneros también afirmaban que la razón por la que las enfermedades asolaban tan brutalmente a los isleños era su incapacidad para creer en Jesucristo y su mensaje divino. Finalmente, la reina Keopuolani fue la primera *ali'i* en convertirse oficialmente al cristianismo en 1823.

El viaje trágico

En un esfuerzo por agradecer al rey Jorge IV el regalo de una cañonera, el rey Kamehameha II viajó a Londres a bordo del barco ballenero británico *L'Aigle* en 1823. También pretendía que el viaje sirviera para estrechar los lazos diplomáticos entre su incipiente reino y los británicos. Por el camino, el barco llegó a Río de Janeiro para visitar el recién independizado Imperio de Brasil e intercambiar lujosos regalos con el emperador Pedro I. Sin que ambas partes lo supieran, tanto el Imperio de Brasil como el reino de Hawái acabarían cayendo. No obstante, el rey Kamehameha II y su esposa, la reina Kamamalu, llegaron a Portsmouth seis meses después de haber zarpado de Hawai'i. Se instalaron en el Hotel Caledonian de Londres y fueron recibidos hospitalariamente por miembros del gobierno británico. Sin embargo, la prensa local trató su llegada con confusión y burla, escribiendo mal el nombre de nacimiento del rey Kamehameha II (Liholiho) y burlándose de las islas hawaianas.

Rhio Rhio, rey de las islas Sándwich, un boceto realizado en Londres por un artista desconocido con el nombre de Liholiho mal escrito
https://commons.wikimedia.org/wiki/File:Kamehameha_II_in_London.jpg

En cualquier caso, el rey Kamehameha II y su séquito recorrieron Londres y fueron bien atendidos por sus anfitriones. Visitaron la Abadía de Westminster, asistieron a espectáculos de ballet y ópera en la Royal Opera House y el Theatre Royal, y también se hicieron retratos de ellos. Se decía que el rey Kamehameha II era un espectáculo para los británicos, ya que medía más de 1,80 metros, era bien parecido y tenía la piel oscura. Por desgracia, tanto el rey Kamehameha II como su reina contrajeron el sarampión y no tenían inmunidad a la enfermedad. La reina Kamamalu murió el 8 de julio de 1824 y su marido, desconsolado, falleció seis días después, el 14 de julio. Sus cuerpos fueron conservados en la cripta de una iglesia anglicana y posteriormente regresaron a Hawai'i a bordo de la fragata de la Marina Real, el HMS *Blonde*. El hermano del rey Kamehameha II,

Kauikeaouli, sucedió en el trono del reino de Hawái y se convirtió en el rey Kamehameha III.

La continuación del reino

La prematura muerte del rey Kamehameha II y su reina en Londres solo sirvió para consolidar los poderes y la influencia de los misioneros en la sociedad hawaiana. Esto se demostró aún más cuando la procesión del cuerpo del rey Kamehameha II fue encabezada con oraciones anglicanas, incluyendo oraciones similares dichas en el idioma hawaiano. Antes de su partida, el rey Kamehameha II había nombrado a su hermano como gobernante en su ausencia, pero como Kauikeaouli solo tenía nueve años, Ka'ahumanu, la esposa del rey Kamehameha I, asumió el control del reino de Hawái. Compartía el poder con otro alto jefe llamado Kalanimoku, que era su primo. Kalanimoku también era conocido como Karaimoku y tenía fama de tener una gran perspicacia política y comercial. Esto le valió el apodo de «el Cable de hierro de Hawai'i».

Kauikeaouli, o rey Kamehameha III, llegaría al poder tras la muerte de Ka'ahumanu, ocurrida cuando tenía dieciocho años. Heredó todos los problemas anteriores de sus predecesores. Sus súbditos siguieron sufriendo enormemente las epidemias de enfermedades, y los extranjeros siguieron acosando y exigiendo más bienes y productos de las islas, junto con la adjudicación de tierras. Curiosamente, el rey Kamehameha III decidió abrazar las tradiciones culturales más antiguas y trabajó para asegurar su reino contra los intereses extranjeros por el bien de su pueblo. Su educación se debatía entre las enseñanzas cristianas de Ka'ahumanu y las antiguas tradiciones hawaianas. Recibió la influencia de un joven sacerdote hawaiano-tahitiano llamado Kaomi, con el que el rey Kamehameha III también intimó. Las relaciones íntimas entre personas del mismo sexo, *moe aikane,* eran comunes entre la realeza hawaiana y fueron aceptadas como normales y naturales por los hawaianos durante cientos de años.

Esta relación le valió a Kamehameha III la ira y la desaprobación de los misioneros cristianos.

Un retrato del rey Kamehameha III
https://commons.wikimedia.org/wiki/File:Kamehameha_III_(PP-97-7-002).jpg

El rey Kamehameha III se esforzó por revitalizar las tradiciones culturales de su pueblo y les animó a participar en pasatiempos precoloniales como el hula, los juegos, el consumo de kava y otras prácticas que los misioneros cristianos desaconsejaban y prohibían. Esto provocó algunas disputas entre los *ali'i* que eran cristianos y otros jefes que no lo eran. El rey Kamehameha III trató de aliviar las tensiones y salvar las diferencias proporcionando a los jefes más jóvenes y a los *ali'i* una educación occidental formal y lecciones de lengua. Con ello, el rey Kamehameha III esperaba aumentar su flexibilidad y su capacidad de mediación en cuestiones complejas que afectaban tanto a los hawaianos como a los occidentales. Pidió a la Sociedad Misionera Americana un maestro para educar a los niños de la realeza, y ellos le proporcionaron un maestro y su esposa, lo que llevó a la creación de una escuela especial en Hawai'i para los niños del linaje real.

El rey Kamehameha III también codificó muchas leyes en textos reales. Esta fue una de sus contribuciones más importantes, ya que ayudó a codificar los derechos nativos del pueblo hawaiano, especialmente los *maka'ainana*. A pesar de ello, los extranjeros comenzaron a demandar cada vez más tierras, ya sea a través de sus negocios o por intereses políticos de carácter económico. A medida que aumentaba el número de extranjeros que llegaban a las islas hawaianas, también aumentaba la presión sobre los gobernantes y líderes hawaianos para que les concedieran algún tipo de propiedad de la tierra, ya fuera para proteger las inversiones de capital extranjero o para proporcionar nuevas oportunidades de trabajo a los hawaianos locales.

Esto llevó finalmente al rey Kamehameha III a realizar la Declaración de Derechos de 1839, a la que siguió muy de cerca la Constitución de 1840. Ambos son documentos increíblemente importantes en la historia de Hawai'i. Estos documentos se diseñaron para proteger los intereses de todos los habitantes del reino e introdujeron cambios drásticos en la autoridad de los jefes y jefas. Estos documentos prohibían la opresión de los *maka'ainana* y estipulaban que cualquier jefe o jefe principal que violara sus leyes debía ser destituido de su posición de poder. La Declaración de Derechos establece que «no es apropiado promulgar leyes que protejan y enriquezcan a los gobernantes solamente, sin tener en cuenta el enriquecimiento de sus súbditos también». Principalmente, la Declaración plantea los derechos de propiedad para el pueblo de Hawai'i, asegurando sus tierras para ellos. Establece que mientras se ajusten a las leyes del reino de Hawái, no se les podrá quitar nada.

Estos documentos fueron notables porque no fueron aprobados bajo coacción o por un soberano que no quisiera. Por el contrario, fue una decisión sabia de un gobernante prudente. El rey Kamehameha III comprendió la nueva ola de lógica, necesidades y principios que traían las normas occidentales, y la aprobación de estos documentos anunciaba claramente una nueva era en la civilización de su reino. Además, la Constitución de 1840 explica el concepto mismo del pensamiento tradicional hawaiano en lo que respecta a la propiedad de la tierra, afirmando que, aunque la tierra había pertenecido al rey Kamehameha I, no era su propiedad privada. Él era simplemente el jefe de la administración de esa propiedad terrestre. Este reconocimiento explícito de la relación entre los *ali'i*, los *maka'ainana* y las tierras de Hawai'i por parte de esta constitución fue un hito importante en los derechos de los nativos hawaianos.

Lamentablemente, los representantes de las potencias extranjeras siguieron insistiendo en las tierras para arrendar y alquilar. Estas grandes potencias extranjeras, a saber, Estados Unidos, Gran Bretaña y Francia, disfrazaron sus peticiones y demandas como preocupaciones por el hecho de que sus ciudadanos no pudieran asegurar el futuro de sus inversiones de capital y arrendar tierras a cambio de una cuota. En ocasiones, estas demandas se apoyaban en la presencia de buques de guerra. Alentado por las visitas de los franceses y los estadounidenses, un almirante de la Marina Real, lord George Paulet, navegó con su barco de guerra hasta Honolulu en 1843 y planteó varias exigencias bajo amenaza de violencia y fuerza. Estas demandas incluían el pago de la deuda y derechos legales para los súbditos británicos. El gobierno hawaiano se vio obligado a acceder a sus demandas, y el rey Kamehameha III firmó un acuerdo que así lo declaraba. A continuación, Paulet destruyó todas las banderas hawaianas que encontró e izó la bandera de la Unión Británica durante su periodo de ocupación. Aproximadamente cinco meses después, la tierra sería entregada de nuevo al reino de Hawái por el contralmirante británico Richard

Thomas, que negoció acuerdos financieros y resolvió las disputas de soberanía sobre la tierra.

Una imagen de George Paulet, que fue ascendido a contralmirante el 21 de julio de
https://commons.wikimedia.org/wiki/File:George_Paulet_(Royal_Navy_officer).jpg

Esto era claramente preocupante para el futuro del reino de Hawái, y causó una gran angustia al rey Kamehameha III. Ante la inestabilidad de las potencias políticas y militares en el archipiélago hawaiano, consultó a sus asesores y misioneros extranjeros sobre lo que debía hacer para proteger la soberanía del reino y asegurar el control hawaiano de la tierra. Evidentemente, las potencias extranjeras querían que el sistema de tenencia de la tierra de Hawai'i pasara a ser de propiedad privada para beneficio propio, ya que estaban familiarizados con dicho sistema y querían obtener títulos de propiedad seguros. Además, promovieron estos cambios señalando que sería de gran ayuda para dirigir las islas hacia la prosperidad económica y fomentar el trabajo duro. Como era de esperar, un gran número de nativos hawaianos desconfiaban profundamente de los cambios propuestos y solicitaban continuamente al rey Kamehameha III que reconsiderara su posición al respecto. Los jefes y residentes locales dudaban en competir con los extranjeros, ya que el cambio en el sistema de tenencia de la tierra sería confuso y difícil. A pesar de ello, la Comisión de Tierras y el rey Kamehameha III siguieron adelante con el proceso de Mahele.

El Gran Mahele

Mientras las grandes potencias extranjeras de Gran Bretaña, Estados Unidos y Francia se disputaban las codiciadas tierras y puertos de Hawai'i y otros territorios de la región del Pacífico, Hawai'i experimentó una creciente presión política, militar y económica de todas partes. En consonancia con muchos de los consejos de sus asesores extranjeros, el rey Kamehameha III se dio cuenta de que tenía que calmar las demandas de tierras de los occidentales, especialmente de los que ya vivían en el reino de Hawái.

El rey Kamehameha III era muy querido por su pueblo y estaba considerado como uno de los mejores gobernantes de Hawai'i. Esto se debió en parte a que se encontraba entre las culturas occidental y hawaiana, ya que fue educado con las enseñanzas cristianas y aprendió los métodos de la política occidental. Sabía inglés, pero al mismo tiempo se centró en promover y devolver a su pueblo sus antiguas tradiciones e identidad cultural. Los historiadores señalan que se aseguró de que ninguna ley impusiera distinciones de clase y que también llevó adelante la anulación del sistema *kapu* que su madre había iniciado durante su periodo como reina regente.

En 1845, el rey Kamehameha III aprobó la creación de un complejo grupo gubernamental que suele denominarse Comisión de Tierras. Este grupo estaba formado por una serie de abogados nativos y extranjeros, jefes, empresarios y legisladores. Se encargaba de supervisar las reclamaciones y disputas sobre la tierra. Con el tiempo, se llegó a una gran división, también conocida como el Gran Mahele, que pretendía ser una reestructuración legal global de las tierras de Hawai'i y su sistema de tenencia. El rey Kamehameha III conservaría sus propias tierras y dividiría el resto de las tierras en tercios que se entregarían al gobierno, a los *ali'i* (jefes) y a los *maka'ainana* (gente común). Las propias reclamaciones de tierras del rey Kamehameha III serían objeto de disputas y reclamaciones residenciales, pero la mayoría de las tierras del rey no fueron impugnadas. Muchos *ali'i* cedieron ciertas partes de sus tierras o intereses al rey Kamehameha III, y el rey hizo lo mismo con respecto a las parcelas que los *ali'i* querían.

En 1848, las reclamaciones de división se completaron, y el rey Kamehameha III poseía títulos de casi 2,5 millones de acres de tierra, lo que suponía alrededor del 60% del reino de Hawái. Sin embargo, el rey Kamehameha III cedió cerca de 1,5 millones de acres al gobierno para satisfacer las demandas y aliviar las cargas económicas y políticas de su pueblo. Estos 1,5 millones de acres pasaron a conocerse como las «tierras del Gobierno» y, en teoría, también estaban sujetos a las disputas y reconvenciones de los *maka'ainana*. En resumen, el gobernante poseía alrededor del 24% de la tierra, el gobierno poseía alrededor del 37% de la tierra y el 39% restante se asignaba a los *ali'i*. La idea subyacente era que los *ali'i* cedieran a los *maka'ainana* aproximadamente la mitad de las tierras de las que tenían títulos y que el resto se compensara mediante disputas, reclamaciones y donaciones.

Lamentablemente, el pueblo de Hawai'i llegó a poseer muy poca tierra al final. Acabaron siendo los claros perdedores en el transcurso del Gran Mahele. Muchos de los *ali'i* acabaron vendiendo sus tierras y sus títulos de propiedad, ya sea por elección o por fuerza. Posteriormente, muchos de los *maka'ainana* que dependían de los derechos sobre la tierra de sus *ali'i* se quedaron sin hogar y perdieron sus tenencias nativas. Mucha de la gente común estaba confundida y desinformada sobre qué hacer para obtener sus tierras. En gran medida, seguían creyendo en la noción tradicional de la propiedad de la tierra y operando según ella, pensando que siempre tendrían acceso a las tierras que necesitaran para sobrevivir y vivir. De hecho, muchos preferían el antiguo sistema y se negaban a cambiar. Debido a esta fricción, el gobierno se reunió para discutir las deficiencias del proceso Mahele y adoptó cuatro resoluciones que se conocerían colectivamente como la Ley Kuleana de 1850. Esta ley animaba a los *maka'ainana* a presentar reclamaciones ante la Comisión de Tierras y ampliaba el plazo. Aun así, estas políticas y reformas complementarias no acabaron beneficiando mucho a los habitantes de Hawai'i. La presentación de reclamaciones era un proceso tedioso y largo que no se explicaba a las masas hawaianas. Además, solo se podía presentar una reclamación después de haber organizado y pagado una encuesta, junto con dos testigos que validaran todo el asunto. Esto costaba un dinero que mucha gente no tenía, y los informes de esta época señalan una absoluta falta de topógrafos cualificados en el reino de Hawái. Como resultado, las reclamaciones y las encuestas se convirtieron a menudo en un asunto de soborno y fraude, con muchos casos de favoritismo, retrasos intencionados, incoherencias y conflictos de intereses. La Comisión de Tierras tampoco estableció normas o reglamentos claros para facilitar el proceso, y muchas reclamaciones fueron rechazadas o quedaron incompletas.

En total, se presentaron más de 14.000 reclamaciones, pero solo se aprobaron unas 8.400, lo que significa que aproximadamente solo el 30% de los nativos hawaianos obtuvieron títulos y derechos. La cantidad media de tierra concedida fue de unos tres acres, lo que significa que de los millones de acres que se suponía que se iban a distribuir entre los hawaianos, en realidad se repartieron menos de veintinueve mil acres. En otras palabras, los nativos hawaianos poseían aproximadamente 1% de la superficie de Hawai'i.

La cantidad total que poseían era lo suficientemente pequeña como para caber en la isla de Kahoʻolawe. En comparación, treinta y tres familias de misioneros habían obtenido aproximadamente cuarenta y un mil acres de tierra.

Capítulo 6 - Estados Unidos y Hawai'i

Cualquier historia de Hawai'i estaría lamentablemente incompleta sin la inclusión de un capítulo específico dedicado a la larga historia y relación entre los Estados Unidos de América y Hawai'i. El efecto de la cultura estadounidense en Hawai'i fue tan marcado que, a partir del siglo XIX, la mayoría de las ciudades y pueblos importantes de Hawai'i parecían más estadounidenses.

Las calles estaban repletas de iglesias, escuelas, edificios comerciales y residencias que se ajustaban a la arquitectura y el diseño occidentales. El idioma, la música y las leyes de Hawai'i estaban americanizadas, y solo presentaban indicios e influencias de la cultura nativa. Indiscutiblemente, Hawai'i fue objeto de marketing, con anuncios que promocionaban un paraíso tropical y exótico que también tenía cerveza embotellada, mesas de billar y pistas para coches de caballos.

Gran parte de estas influencias pueden atribuirse a la llegada de los misioneros cristianos, y la mayoría de las fuentes coinciden en que esto comenzó con la llegada de diecisiete misioneros protestantes en 1820. Como la mayoría de los escritos de los misioneros cristianos sobre el primer contacto con los pueblos nativos de todo el mundo, los hawaianos fueron considerados y descritos por los misioneros protestantes como gente «sucia, perezosa, espiritualmente ignorante y salvaje». Tal descripción era claramente falsa, ya que los nativos hawaianos eran decididamente laboriosos, especialmente desde una perspectiva exploratoria y agrícola. Tenían profundas raíces espirituales y contaban con amplias normas culturales y sociales, todas ellas construidas en torno a la unidad familiar ampliada.

No obstante, existen pruebas contundentes que apuntan al hecho de que Hawai'i es inequívocamente estadounidense en sentimiento y acción. Tal vez las mayores objeciones a tales afirmaciones sean el historial de maltrato a los nativos hawaianos por parte de extranjeros y estadounidenses, así como la enorme población de japoneses que vive en las islas. El segundo punto fue un tema delicado a los ojos de los estadounidenses del continente cuando las escuelas mantuvieron el idioma japonés. Japón también lanzó propaganda para sembrar la discordia entre los estadounidenses.

Influencia occidental

Hawai'i no era ajeno a las agendas políticas occidentales, que se cebaron con muchas naciones insulares del Pacífico. En realidad, muchas potencias intentaron arrebatar a los nativos el control de las islas hawaianas. Muy pronto, en 1794, el capitán George Vancouver (que da nombre a la ciudad de Vancouver) reclamó las islas para Gran Bretaña e izó su bandera en varias de ellas. Sin embargo, sus informes y acciones no fueron ratificados por Londres a tiempo para que tuvieran alguna utilidad práctica. Además, los rusos también habían reclamado las islas de Hawai'i. El gobernador de Alaska envió entonces un barco a Honolulu, ordenando la construcción de edificios dotados de cañones montados. Ellos también izaron la bandera rusa sobre estos edificios. Afortunadamente, el rey Kamehameha I construyó un gran fuerte en Honolulu y expulsó a los rusos, lo que hizo que el gobierno ruso renegara de sus agentes. Con el paso de las décadas, los residentes ingleses de Hawai'i no aprobaban ni disfrutaban de la ocupación estadounidense de las islas. Con frecuencia exigían reuniones y consultas con los funcionarios estadounidenses. La presencia estadounidense se vio reforzada por el USS *Mohican*, un buque de guerra con motor de vapor que en un principio estaba asignado a la Escuadra del Pacífico, pero que más tarde fue destinado a patrullar y reforzar Hawai'i a finales de la década de 1880.

Los franceses también amenazaron con la guerra al rey Kamehameha III en 1839 si este no relajaba las leyes que restringían las actividades de los misioneros católicos franceses. Una vez que los franceses se apoderaron de las islas Marquesas y establecieron su propio protectorado sobre Tahití, pusieron sus ojos en las islas de Hawai'i y comenzaron a disputar las reclamaciones de los residentes y oficiales británicos de las islas hawaianas. Esto condujo finalmente a una demostración de fuerza británica con buques de guerra, que hizo que el rey Kamehameha III cediera la soberanía del reino de Hawái a Gran Bretaña en 1843. Curiosamente, esta acción fue revertida por el contralmirante británico Richard Thomas cuando, basándose en su comprensión de la política exterior británica, arrió la bandera británica y proclamó la soberanía de las islas hawaianas de nuevo bajo el control del rey de Hawai'i. Otras incursiones militares continuaron a lo largo de los años. Otro caso fue el desembarco de marineros franceses que destruyeron gran parte del fuerte de Honolulu en 1849.

La decadencia del reino de Hawái

El rey Kamehameha III murió poco después del Gran Mahele, el 14 de diciembre de 1854. Esto provocó disputas sobre quién debía heredar sus tierras y títulos. Finalmente, los asuntos se resolvieron de acuerdo con los deseos del rey Kamehameha III, y su hijo adoptivo, Alexander Liholiho (que no debe confundirse con el rey Kamehameha II, cuyo nombre de nacimiento era Liholiho), se convirtió en el sucesor al trono. Fue proclamado rey Kamehameha IV por su padre biológico, Mataio Kekuanao'a, que era el gobernador de O'ahu. Trágicamente, el gobierno de Kamehameha IV se vio interrumpido por su inesperado y prematuro fallecimiento. Su gobierno duró solo nueve años.

Retrato frontal del rey Kamehameha IV, Alexander Liholiho
https://commons.wikimedia.org/wiki/File:Kamehameha_IV,_lithograph_by_Grozelier_(cropped).jpg

Desde hacía tiempo sufría de asma crónica y también estaba profundamente apenado por la muerte de su hijo de cuatro años, el príncipe Alberto, en 1862. Estos acontecimientos resultaron ser demasiado grandes para Alexander Liholiho; falleció a la joven edad de veintinueve años. Entonces, un consejo formado por los miembros del gabinete hawaiano y otros asesores del rey decidió que, al no haber heredero al trono, el príncipe Lot Kapuaiwa, hermano mayor del difunto rey Kamehameha IV, se convertiría en rey. Pasaría a ser el rey Kamehameha V. Sin embargo, debido a la repentina muerte de Alexander Liholiho y a la falta de preparación política, muchas facciones no consideraron legítima la ascensión del príncipe Lot, sobre todo porque no se llevó a cabo una votación conjunta con la Cámara de Nobles y la Cámara de Representantes, que eran actores importantes en la esfera política de Hawai'i. A pesar de estas objeciones, Victoria Kamamalu, hermana tanto del príncipe Lot como de Alexander Liholiho, fue instituida correctamente como reina regente (*Kuhina Nui*). Y en virtud del artículo 47 de la Constitución del reino de Hawái de 1852, estaba en su derecho de nombrar un sucesor al trono en ausencia del rey. Nombró a Lot.

En un extraño curso del destino, el rey Kamehameha V también reinó durante solo nueve años, falleciendo el 11 de diciembre de 1872, a la edad de cuarenta y dos años. Una vez más, no hubo un sucesor designado para subir al trono, lo que causó cierta confusión y consternación. Durante este tiempo, William Charles Lunalilo surgió como favorito para el trono, ya que había asistido a la Escuela Real, dirigida por misioneros estadounidenses. William Lunalilo era también descendiente de Kalaimamahu, que era el hermanastro del rey Kamehameha I. Fue elegido por una abrumadora mayoría de un grupo de electores masculinos y pronto fue confirmado como sucesor al trono por la legislatura de Hawai'i. Una vez más, el destino quiso que Lunalilo se convirtiera en rey, solo para fallecer poco más de un año después debido a complicaciones de la tuberculosis y otras dolencias relacionadas.

Sin embargo, durante su corto reinado, el rey Lunalilo promulgó leyes que cambiarían el curso de la historia de Hawai'i para siempre. En un movimiento que se consideró muy divisivo, el rey Lunalilo ofreció intercambiar la laguna de Pearl Harbor a los Estados Unidos a cambio de la exención de impuestos sobre una serie de productos hawaianos que se exportaban a los Estados Unidos, principalmente el azúcar. Sin embargo, el rey retiró la oferta antes de que se considerara oficial debido a la importante oposición de los demás *ali'i* y del público en general. Este suceso demostró que el pueblo y los gobernantes de Hawai'i albergaban profundos sentimientos de desconfianza, amargura y recelo hacia la participación extranjera y los tratados de tierras. Además, el rey Lunalilo se comportó de forma contraria al ejemplo del rey Kamehameha V al elegir a tres ministros estadounidenses para ocupar puestos de poder y al cooperar y asociarse con los misioneros.

Tras la muerte del rey Lunalilo en 1874, la Constitución actualizada de 1864 asignó la tarea de elegir un heredero al Consejo de Ministros junto con la Asamblea Legislativa. Los dos principales miembros de la realeza que se barajaron fueron la reina Emma, viuda del rey Kamehameha IV, y David Kalakaua, descendiente de un *ali'i* de alto rango originario de Hilo. Tanto David Kalakaua como la reina Emma eran apasionadamente patriotas y querían ayudar a preservar la línea real y el reino de Hawái. Comenzó a formarse una división entre el apoyo de las potencias extranjeras a cada uno de estos miembros de la realeza, con los intereses británicos alineados más con la reina Emma y los intereses estadounidenses alineados más con David Kalakaua. Finalmente, la asamblea legislativa eligió a David Kalakaua, lo que puso fin a la era Kamehameha del reino de Hawái.

El rey David Kalakaua, hacia la década de 1870
https://commons.wikimedia.org/wiki/File:Kalakaua_(PP-96-15-008).jpg

La subida al trono del rey Kalakaua dio inicio a la línea real Keawe-a-Heulu y supuso una época de creciente influencia estadounidense en las islas hawaianas. Aunque a David Kalakaua se le desaconsejó seguir adelante con el Tratado de Reciprocidad, negoció con los estadounidenses y finalmente ratificó el proyecto en 1875. Este tratado permitía esencialmente el libre comercio entre Hawai'i y Estados Unidos, pero lo más importante es que no cedía ninguna tierra hawaiana a los estadounidenses. Sin embargo, muchos legisladores y hombres de negocios sospechaban que esto daría a Estados Unidos una ventaja económica sobre Hawai'i y que acabaría conduciendo a la anexión estadounidense (una conquista administrativa ilegal respaldada por la fuerza) de la zona de Pu'u Loa, que más tarde se llamaría Pearl Harbor.

Después, los intereses extranjeros y las compañías de plantaciones querían invertir más recursos en las plantaciones de azúcar de Hawai'i y, sobre todo, comprar más tierras. Sin embargo, se les prohibió hacerlo. El rey Kamehameha V había aprobado una ley en 1865 que prohibía cualquier enajenación de las tierras de la corona. El auge económico fue inmenso y empujó a la prensa dirigida por los occidentales a publicar y promover constantemente propaganda y artículos que estaban a favor de la venta de más tierras, afirmando que permitir que se realizaran tales transacciones beneficiaría a todos, sin importar su clase. Muchos inversores, portavoces, empresarios y periódicos extranjeros repitieron la opinión de que un mayor número de ventas de tierras supondría una afluencia de ingresos en Hawai'i y permitiría que tanto la familia real como la nación en general se beneficiaran y prosperaran, disfrutando de una calidad de vida más segura, moderna y elevada.

A los ocho años de su reinado, David Kalakaua se volvería en contra de los intereses de Estados Unidos y buscaría un camino más independiente para el reino de Hawái. Este movimiento acabaría por imponer a Kalakaua la Constitución de la Bayoneta en 1887 y el derrocamiento del reino de Hawái.

La Constitución de la Bayoneta y el derrocamiento del reino de Hawái

El reino de Hawái terminó efectivamente en 1893 con una violenta toma de poder de la reina Lili'uokalani, que fue respaldada por los marines de Estados Unidos. Antes de esto, la mayoría de las tierras de la corona eran mantenidas de forma relativamente invariable y productiva por sus comisarios. Hubo una serie de factores y acontecimientos precedentes que condujeron al fin del reino de Hawái, muchos de los cuales están íntimamente relacionados con los Estados Unidos de América.

Una de las leyes más impactantes que se aprobaron fue la Ley de Hipotecas No Judiciales de 1874, que permitía a un prestamista subastar la escritura de la tierra del prestatario en caso de que este se retrasara en los pagos. Esta subasta podía llevarse a cabo sin ningún tipo de supervisión judicial y dio lugar a que muchas *kuleanas* (títulos y derechos sobre la tierra de la Ley Kuleana de 1850) pasaran de manos nativas a extranjeras. Además, el fenómeno de la «posesión adversa» también supuso que muchos nativos perdieran sus tierras en favor de las corporaciones de las plantaciones de azúcar. La posesión adversa significaba que si una parte utilizaba una parte de la tierra en contra de los intereses del propietario legal de la misma durante un largo periodo de tiempo, la tierra podía ser obtenida de su propietario original. El problema era que el periodo de tiempo para que la posesión adversa surtiera efecto era inusualmente corto en lo que respecta a las tierras de los nativos hawaianos, ya que solo duraba cinco años. Durante esta época, el rey Kalakaua trabajó estrechamente con los estadounidenses para promover el desarrollo de las plantaciones de azúcar y asegurar el futuro de Hawai'i. El colapso de algunas flotas balleneras en el norte y el menor tráfico hacia las islas hawaianas también impulsaron a Hawai'i a encontrar y desarrollar sus propios recursos. En total, el número de plantaciones de azúcar en Hawai'i aumentó de veinte a más de sesenta en solo cinco años. Después de que David Kalakaua se pusiera en contra de los intereses estadounidenses y empezara a centrarse en el nacionalismo hawaiano, una organización secreta llamada la Liga Hawaiana empezó a trabajar para instituir un nuevo gobierno en las islas hawaianas por cualquier medio. Los miembros de esta organización eran casi todos caucásicos, y también desempeñaron un papel importante en el derrocamiento del reino en 1893. Al unirse con los Rifles de Honolulu, una milicia civil totalmente caucásica, superaron al rey Kalakaua y obtuvieron el control de la ciudad. El rey Kalakaua pidió ayuda a los ministros de Gran Bretaña, Francia, Japón y Portugal, e incluso les ofreció entregar el reino de Hawái a cambio de protección y control, pero estos se negaron a intervenir.

La Hui Aloha 'Aina o Na Kane, o la Liga Patriótica Hawaiana para Hombres, que haría una petición contra la eventual anexión, alrededor de 1893
https://commons.wikimedia.org/wiki/File:Representative_Committee_of_Delegates_of_the _Hawaiian_People_to_present_a_memorial_to_Hon._James_H._Blount_(LOC,_original) _(cropped).jpg

Severamente superado y bajo amenaza de asesinato, el rey Kalakaua se vio obligado a aceptar un nuevo gabinete y a completar la nueva Constitución de 1887, que se conocería epónimamente como la Constitución de la Bayoneta, ya que fue firmada bajo coacción. Poco después, Pearl Harbor comenzó a militarizarse y a desarrollarse como base naval de los Estados Unidos. Tras la imposición de la Constitución de la Bayoneta, el rey Kalakaua continuó con sus funciones, a pesar de que las limitaciones de la nueva constitución frustraban a su pueblo y provocaban una oposición acérrima y ruidosa. Los hombres debían cumplir ciertas condiciones antes de poder votar, y las acciones del rey debían ser aprobadas por el Gabinete, que incluía a varios extranjeros. Se debatió si la entrega de Pearl Harbor a Estados Unidos ayudaría a evitar la anexión o envalentonaría aún más a las potencias extranjeras.

David Kalakaua falleció en 1891 mientras viajaba a Washington para reunirse con el embajador hawaiano Henry Carter para discutir el Arancel McKinley de 1890, que anularía la mayoría de los acuerdos de libre comercio del Tratado de Reciprocidad firmado anteriormente. Le sucedió su hermana, Lili'uokalani, que ya había ejercido de reina regente durante uno de los viajes anteriores del rey Kalakaua. Continuó la lucha de su hermano por preservar el reino independiente de Hawai'i, pero finalmente fue derrocada. Ella también luchó por desestimar las reformas y revisiones que impulsó la Constitución de la Bayoneta de 1887, escribiendo que la Constitución había sido impuesta por «extranjeros decididos a coaccionar a mi hermano».

Al convertirse en reina, la reina Lili'uokalani recibió más de seis mil peticiones y cartas de todo Hawai'i, instándola a crear una nueva constitución. Era una cifra impresionante, ya que se trataba de más de dos tercios de los cerca de 9.500 votantes registrados del país. Los estudiosos y los líderes de la comunidad han calculado que se acerca mucho a la totalidad de la población de nativos y medio nativos. Esta nueva constitución habría permitido a Hawai'i un gran poder sobre su propia autoridad y autonomía, permitiendo al monarca nombrar y destituir a los miembros del Gabinete y limitar los derechos de voto a los hawaianos naturalizados y nativos, eliminando gran parte del bloque de votos de los residentes temporales.

Obra coloreada y restaurada digitalmente de una fotografía de la reina Lili'uokalani, hacia 1887
Credito: work by Mark James Miller from a photograph taken by Walery, London, Eng. (1887), CC BY-SA 3.0 <https://creativecommons.org/licenses/by-sa/3.0>, via Wikimedia Commons https://commons.wikimedia.org/wiki/File:Liliuokalani_Restored_2.jpg

Algunos miembros del gabinete de la reina se habían negado a firmar su nueva propuesta de constitución, lo que supuso una oportunidad para que un pequeño grupo llamado el Club de la Anexión iniciara los movimientos para la anexión de Hawai'i a los Estados Unidos de América. El derrocamiento fue dirigido esencialmente por una serie de empresarios estadounidenses que se habían enriquecido inmensamente con las plantaciones de azúcar de Hawai'i. Tras un largo periodo de planificación y establecimiento del marco político y legislativo antes de que se produjeran las hostilidades, estos hombres consiguieron el apoyo de los Estados Unidos de América. El 16 de enero de 1893, el principal representante político estadounidense coordinador, John Leavitt Stevens, aseguró efectivamente la isla de O'ahu con unos 162 soldados armados. Pusieron a la reina Lili'uokalani bajo arresto domiciliario. La presencia militar del buque de guerra USS *Boston* también ayudó a asegurar edificios estadounidenses como el Consulado de Estados Unidos y el Arion Hall.

Hasta 1993, cien años después del derrocamiento, el Congreso de Estados Unidos no reconoció y admitió el hecho de que los funcionarios militares y diplomáticos estadounidenses habían desempeñado un papel esencial para facilitar el derrocamiento del reino de Hawái. El vacío de poder que quedó fue cubierto temporalmente por el Gobierno Provisional de Hawái, formado por los líderes del golpe. Después de aproximadamente un año y medio, el Gobierno Provisional de Hawái dio paso a la República de Hawái, que era un estado soberano que no formó parte oficialmente de los Estados Unidos hasta 1898, aunque la República de Hawái tenía el apoyo militar y político de los Estados Unidos. Esto significa que la República de Hawái solo duró unos cuatro años. El derrocamiento fue un acto ilegal que iba en contra de las leyes internacionales y se considera una marca negra en la historia de los Estados Unidos de América, aunque emitió una disculpa formal por tales actividades.

Fotografía de los marines y marineros estadounidenses del USS Boston ocupando los terrenos del Hotel Arlington durante el derrocamiento de la reina Lili'uokalani, 1893
https://commons.wikimedia.org/wiki/File:USS_Boston_landing_force,_1893_(PP-36-3-002).jpg

Tierra del azúcar

Las tierras increíblemente fértiles y el clima estable y cálido de Hawai'i demostraron ser ideales para el crecimiento de la caña de azúcar, lo que finalmente llevaría al dominio de la caña de azúcar sobre la agricultura hawaiana y al férreo control de las exportaciones de azúcar sobre la economía hawaiana y los intereses de ultramar. A partir de la década de 1820, surgieron plantaciones de azúcar en las islas de O'ahu, Maui, Kaua'i, Moloka'i, Lana'i y la propia isla Grande de Hawai'i. Durante los siguientes cien años, la producción de azúcar de Hawai'i pasaría de menos de cincuenta mil toneladas de caña de azúcar a bastante más de medio millón de toneladas.

Esto tuvo varios efectos. El primero fue una enorme afluencia de mano de obra inmigrante para ayudar a hacer frente a las demandas de un sector en alza, especialmente porque el cultivo, la cosecha y el procesamiento de la caña de azúcar era un proceso que requería mucha mano de obra. Se contrataron decenas de miles de trabajadores de Japón, China, Filipinas, Puerto Rico y Corea. La población de Hawai'i aumentó en más de 300.000 personas durante este tiempo y el porcentaje de nativos hawaianos se redujo a un 10% de la población total en la década de 1900. Se decía que un buen comerciante podía contar con que le regalaran algunas tierras, junto con una esposa nativa, si era productivo y se quedaba. Sanford Dole, cuyos parientes acabarían fundando la Dole Food Company que conocemos hoy, también escribió y apoyó la necesidad de aumentar la población de Hawai'i, ya fuera incrementando el flujo y la residencia de la mano de obra inmigrante o animando a los actuales residentes a tener familias numerosas. Su opinión era que las islas nunca alcanzarían su plena potencia productiva sin ocuparlas en mayor medida.

Una fotografía de trabajadores chinos contratados que trabajan en una plantación de azúcar, hacia finales de la década de 1900
https://commons.wikimedia.org/wiki/File:Chinese_contract_laborers_on_a_sugar_plantation_in_19th_century_Hawaii.jpg

Durante los primeros años de la década de 1920, los reclutadores de la Asociación de Plantadores de Azúcar de Hawái examinaban las manos de los filipinos que querían trabajar con ellos; solo se aceptaban los que tenían las palmas endurecidas y callosas propias de los trabajadores del campo y la granja. Los trabajadores filipinos venían a trabajar en los campos de caña de azúcar, las industrias lácteas y los ingenios azucareros de Hawai'i. Algunos de ellos trabajarían durante más de treinta años, para acabar jubilándose y estableciéndose en Hawai'i como residentes permanentes. Los propietarios caucásicos de las empresas solían considerar a los trabajadores como algo inferior, sobre todo si eran de origen étnico claramente diferente. Algunos propietarios de plantaciones y capataces llamaban a los trabajadores por su número de identificación, aunque algunos de ellos protestaban y pedían que se les llamara por su nombre.

Una escultura de bronce de varios trabajadores de plantaciones en el Monumento al Old Sugar Mil, Kaua'i, Hawai'i, una obra realizada por Jan Gordon Fisher
https://commons.wikimedia.org/wiki/File:Koloa-old-sugar-mill-monument-sculpture.JPG

La proliferación de las plantaciones de caña de azúcar también provocó una importante degradación y contaminación del medio ambiente. Las islas no solo sufrieron la contaminación de la quema de carbón y la fundición de hierro, sino también la deforestación debida a la voraz necesidad de madera y combustible. Todo ello se vio agravado por la relativa falta de agua dulce en las islas, ya que las fuentes de agua de origen marino contienen sal. Debido a que la caña de azúcar es un cultivo que requiere una inmensa cantidad de agua para crecer y cultivarse, el auge de las plantaciones llevó a la tala de bosques y a la construcción de túneles para ayudar a la obtención de agua dulce. Las zonas de captación de agua en las montañas se desviaron hacia las plantaciones y se excavaron pozos profundos. Incluso con las mejoras en la tecnología y la eficiencia, se necesitaba más de una tonelada de agua para producir una libra de azúcar refinado.

Muchos empresarios estadounidenses aprovecharon la oportunidad de comprar e invertir en tierras hawaianas para establecer plantaciones de azúcar o piña. El magnate azucarero californiano Claus Spreckels llegó a Hawai'i en 1876 y negoció un acuerdo muy controvertido y tenue con la princesa Ruth Ke'elikolani, descendiente del linaje de Kamehameha. Esto le permitió adquirir miles de acres de tierra. Otro estadounidense famoso y notable que contribuiría en gran medida a la occidentalización de las islas hawaianas fue Sanford Dole, que sería el único presidente de la República de Hawái. Sanford se crio en escuelas de misioneros protestantes, y su padre era el director de lo que con el tiempo se conocería como la Escuela Punahou. Fue nombrado juez del Tribunal Supremo del reino de Hawái por el rey Kalakaua, y su primo, James Dole, acabaría llegando a Hawai'i para fundar la Hawaiian Pineapple Company. Esta empresa se convertiría más tarde en la Dole Food Company, muy conocida aún hoy en día.

Folleto de la Hawaiian Pineapple Packers' Association, Honolulu, Hawai'i, 1914
https://commons.wikimedia.org/wiki/File:Hawaiian_canned_pineapple,_1914.png

Estados Unidos y Hawai'i mantenían en realidad una relación amistosa y mutuamente beneficiosa hasta la década de 1890. Había establecido varios tratados con Estados Unidos que fomentaban la buena voluntad política y aseguraban la cooperación comercial y de navegación entre las dos naciones. Además, el presidente John Tyler también había emitido una declaración oficial en 1842 que incluía a Hawai'i bajo la Doctrina Monroe, que proclamaba ciertos actos de colonialismo europeo como un acto potencial de hostilidad hacia Estados Unidos. Esto significaba que Estados Unidos reconocía la existencia independiente de Hawai'i y que se opondría a una invasión de las islas por parte de cualquier otra potencia.

Al final, el objetivo de la anexión fue impulsado por la caída de los precios del azúcar y la creciente creencia de que los Estados Unidos debían controlar Hawai'i contra otros intereses extranjeros y para proteger la costa oeste de los Estados Unidos de América contiguos. También se percibía un aire de inestabilidad económica y la posibilidad de que una depresión económica asaltara las islas. Esto impulsó a estadounidenses como Lorrin Thurston y el ministro John L. Stevens a promover e impulsar celosamente la idea de la anexión en el extranjero, lo que hizo que muchos políticos estadounidenses se sumaran a la idea. Stevens solicitó al Departamento de Estado de EE. UU. el envío de fuerzas navales adicionales para proteger los intereses estadounidenses y pidió a Washington que estacionara un buque de guerra en Honolulu de forma indefinida para asegurar las islas. Este fue el comienzo de un rápido aumento del poderío militar estadounidense en Hawai'i.

Capítulo 7 - La Segunda Guerra Mundial y Hawai'i

El papel de Hawai'i en la Segunda Guerra Mundial es complejo, profundo y fundamental. Lo más importante es que la situación geográfica de las islas de Hawai'i significaba que eran tanto un objetivo como una ventaja para cualquier superpotencia de la Segunda Guerra Mundial que la controlara. Muchas batallas del océano Pacífico se iniciarían más tarde desde las islas de Hawai'i, con sede en ellas y con su apoyo.

Antes de que Hawai'i entrara en contacto con el «mundo exterior», su economía era autosuficiente y casi autónoma. Después de que su existencia se popularizara en el mundo exterior, la economía de las islas hawaianas sufrió un cambio, ya que se convirtieron en la preciada parada en la que balleneros, pescadores y viajeros se detenían para repostar, reabastecerse y descansar. La historia establecida de la utilidad de las islas la hizo famosa en todo el mundo y también se sumó a su importancia para determinar el control del océano Pacífico. Además, la familiaridad de las aguas, los vientos, las amenazas y las rutas que rodeaban el archipiélago hawaiano aumentaron aún más su visibilidad y reconocimiento internacional. Con el tiempo, su economía se transformó en agrícola, abasteciendo así a los Estados Unidos de América y a otras potencias extranjeras de productos y bienes preciosos. Esto hizo que Hawai'i jugara cada vez más a favor de los intereses políticos estadounidenses, y acabó convirtiéndose en el punto de inflexión del conflicto del océano Pacífico.

Basta decir que una gran superpotencia política no podía alcanzar la supremacía en el Pacífico sin tener algún tipo de presencia en la cadena polinesia, y Hawai'i estaba en su centro. Como hemos visto en el capítulo anterior, debido a su contacto con Estados Unidos, el archipiélago de Hawai'i, en gran medida aislado, se transformó, lenta pero inexorablemente, en un puesto de avanzada de Estados Unidos, con un enfoque en la eventual necesidad de capacidades militares. Si se añade a la mezcla las plantaciones de azúcar preestablecidas y los intereses creados de los mercados de los Estados Unidos de América, no debería sorprender que Hawai'i fuera el objetivo de los japoneses, lo que finalmente condujo al infame ataque a Pearl Harbor.

Atrapado entre Japón y Estados Unidos

La centralidad histórica de Hawai'i para los viajeros del Pacífico significaba que tenía relaciones establecidas desde hace mucho tiempo con comerciantes de pieles, balleneros, comerciantes de sándalo y mercaderes de China, América e incluso Europa. Entonces, debido sobre todo a su disponibilidad de tierras fértiles, a su clima templado y adecuado, a la afluencia y abundancia de mano de obra asiática y a la llegada de oportunistas empresarios estadounidenses, Hawai'i se convirtió en un exportador de azúcar inmensamente productivo y popular, no solo para el mercado estadounidense, sino también para Japón. A mediados del siglo XIX, la ubicación y la función de Hawai'i en el Pacífico la situaban entre dos superpotencias mundiales y la convertían en la cadena de islas más estratégica que había que controlar.

El período de veinte años de tenue paz mundial entre la Primera y la Segunda Guerra Mundial vio cómo las relaciones entre EE.

UU. y Japón empeoraban lentamente, a pesar de que las dos naciones eran razonablemente amistosas al principio. Una serie de acontecimientos históricos fueron agravando las relaciones diplomáticas. En 1924, Estados Unidos impuso una cuota a la inmigración japonesa, que incluía las islas de Hawai'i, y la Gran Depresión de la década de 1930 empeoró mucho las cosas. En el punto álgido de las tensiones, muchos empresarios, académicos al igual que líderes regionales y religiosos se unieron para formar el Instituto de Relaciones del Pacífico (IPR), que fue concebido como un intento no oficial de unir a los países del Pacífico en una postura de cooperación y fomentar la idea cada vez más importante de una «Comunidad del Pacífico». Un buen número de estadounidenses se adhirieron, y la idea obtuvo cierto apoyo de las naciones circundantes, como Filipinas, Corea, Japón, China, Nueva Zelanda y Canadá. Naturalmente, la organización decidió celebrar su conferencia internacional en Honolulu en 1925 para debatir sus problemas y preocupaciones. Aunque el IPR acabó disolviéndose y no consiguió evitar el conflicto en la región, sigue siendo un caso claro y documentado de alineación de los intereses internacionales para considerar a Hawai'i no solo como una piedra angular del dominio naval, sino también de sus perspectivas y potencial de cooperación económica.

Problemas orientales para la costa oeste de Estados Unidos

Durante mucho tiempo, los Estados Unidos de América centraron gran parte de sus preocupaciones de seguridad en el océano Atlántico y el Caribe. El reconocimiento del océano Pacífico como un frente bélico de vital importancia no ocupaba un lugar destacado en la lista de prioridades de Estados Unidos. Solo después del ataque de Japón a Pearl Harbor, la importancia estratégica de Hawai'i se convirtió en una prioridad absoluta, tanto que el actual cuartel general del comandante en jefe del Comando del Pacífico de los Estados Unidos se encuentra en Hawai'i, y es la base central de las operaciones de la Marina, la Fuerza Aérea y el Ejército de los Estados Unidos para la región.

El interés de Estados Unidos por Hawai'i como punto estratégico de poder militar comenzó con el presidente Theodore Roosevelt y un asesor suyo llamado Alfred Thayer Mahan. Considerado una de las figuras navales estadounidenses más importantes del siglo XIX, una de las principales influencias de Alfred Mahan en el pensamiento militar estadounidense fue el énfasis que puso en la importancia del océano Pacífico para la seguridad de Estados Unidos. Hoy en día, la mayor parte de su pensamiento estratégico y sus escritos se denominan colectivamente «mahanismo», y suelen dar gran importancia al poder naval. Esto le llevaría a prestar su voz y argumentar a favor de la anexión de Hawai'i, que se produjo en 1898. En concreto, la amenaza de Japón a Estados Unidos fue el factor clave en el pensamiento que otorgó tal importancia militar a Hawai'i. Junto con otros escritores populares, Mahan escribió sobre otras preocupaciones, como que los inmigrantes japoneses no se asimilaran a la cultura de Estados Unidos. Estos escritos alimentaron directa e indirectamente la histeria en torno a la imagen sensacionalista del «Peligro Amarillo», una ideología racista que apuntaba a los descendientes de Asia Oriental. Esta histeria acabaría por extenderse a las islas de Hawai'i, que albergaban una población numerosa y creciente de trabajadores inmigrantes japoneses.

Fotografía de Alfred Thayer Mahan, alrededor de 1897
https://commons.wikimedia.org/wiki/File:Photo_of_Alfred_Thayer_Mahan.jpg

Apenas diez años después de que Estados Unidos se anexionara Hawai'i, comenzó la construcción de una base naval en Pearl Harbor. Durante la presidencia de Theodore Roosevelt, que duró de 1901 a 1909, este pidió que se fortificara Pearl Harbor, y el Congreso de los Estados Unidos estuvo de acuerdo. Sin embargo, el proceso fue lento e inadecuado, ya que la mayoría de los funcionarios y políticos de la Marina estadounidense no compartían las mismas preocupaciones sobre el teatro de la guerra del Pacífico. El número de hombres estacionados en Hawai'i experimentó un fuerte aumento hasta superar los doce mil efectivos durante la Primera Guerra Mundial, pero disminuyó hasta poco menos de cinco mil hombres después.

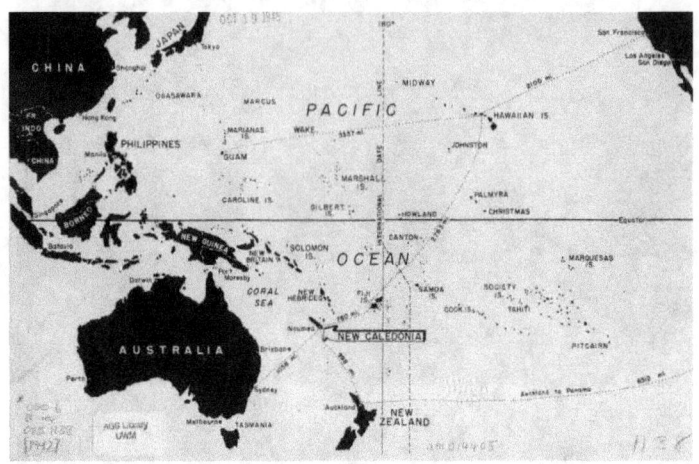

Un mapa de 1942 del océano Pacífico, con Los Ángeles en la parte superior derecha conectada a las islas hawaianas y Guam, junto con Japón situado en la parte superior izquierda
https://commons.wikimedia.org/wiki/File:1942_Pacific_Ocean_(30249104613).jpg

La invasión japonesa de Manchuria en 1931 provocó una renovación de las fuerzas en Hawai'i. Esto volvió a ocurrir cuando el Imperio de Japón emprendió una guerra no declarada contra China en 1937. Los indicios de una guerra inminente con Japón eran palpables, y todo tipo de presiones se acumulaban para un eventual estallido del conflicto. Dichas presiones se reflejarían también materialmente en la vida de los hawaianos, incluyendo los simulacros y ejercicios anuales de apagón para los civiles hawaianos en Honolulu. Las unidades de defensa civil y los puestos avanzados comenzaron a surgir en las zonas rurales y en los alrededores de las instalaciones militares. Además, en 1940 se iniciaron los preparativos de emergencia para catástrofes y se encargó a las mujeres de Honolulu la elaboración de vendajes quirúrgicos y de heridas. También hubo sesiones de formación en primeros auxilios impartidas por la Cruz Roja local. En Honolulu se creó un banco de sangre, y el Cuartel Schofield de la ciudad creció hasta convertirse en una de las mayores instalaciones del ejército estadounidense en el mundo, acogiendo y desplegando más de cuarenta mil soldados en 1941. El objetivo principal de una fuerza tan numerosa era mantener y defender Pearl Harbor y, por extensión, Hawai'i de los asaltantes e invasores japoneses. Incidentes como el bombardeo del SS *President Hoover*, el buque insignia Augusta y el hundimiento del USS *Panay* fueron fuertes indicadores de que Hawai'i iba a quedar atrapada entre dos apisonadoras políticas y militares.

Pearl Harbor

El 7 de diciembre de 1941, Japón lanzó un ataque llamado «Operación Hawái» contra la base naval estadounidense de Pearl Harbor, en Honolulu. Japón pretendía paralizar la capacidad de Estados Unidos para utilizar su flota naval en el océano Pacífico, ya que podría interferir con las maniobras militares de Japón en el Sudeste Asiático. Es importante señalar que el ataque a Pearl Harbor no fue más que un caso de una cadena coordinada de ataques casi simultáneos planeados y ejecutados por el Imperio japonés. Algunos de estos ataques incluían la invasión japonesa de la Malaya británica (la actual Malasia), la invasión de Hong Kong desde el norte y la invasión de la isla de Batan, que fue la primera incursión de Japón en las Filipinas. Sin que Hawai'i lo supiera, el ejército estadounidense tenía la intención de retirarse de Filipinas en caso de invasión. Esta retirada se produjo efectivamente una vez que el Imperio japonés dejó claras sus intenciones con su movimiento sobre Pearl Harbor, y aunque Pearl Harbor fue el segundo ataque que realizaron los japoneses, estando media hora más o menos detrás de la invasión de Kota Bharu (el inicio de la invasión de la Malaya británica), fue con mucho el punto de ataque más importante e impactante.

El ataque surgió de la nada, y la mañana del 7 de diciembre solo puede describirse como una escena de caos y confusión absolutos. Japón no había declarado la guerra a EE. UU. y, según todos los indicios (excepto los teóricos de la conspiración), el ataque fue una completa sorpresa. Cientos de aviones japoneses bombardearon y dispararon contra la base naval de Pearl Harbor, matando a muchas personas y destruyendo muchos barcos. La ferocidad de la batalla está bien documentada y pinta una experiencia horrorosa. Los relatos orales y de testigos presenciales de Pearl Harbor dicen que, al principio, los nativos y otros residentes de Oʻahu pensaron que se trataba simplemente de una forma de práctica de tiro rutinaria, ya que los disparos eran algo que la gente oía a menudo. No fue hasta que un superintendente u otro responsable llegó corriendo portando la aleccionadora noticia que la gente comenzó a dispersarse, ya fuera para ayudar en el esfuerzo de defensa, buscar refugio o advertir a otros. El ataque duró aproximadamente una hora y veinte minutos.

Fotografía tomada justo en el momento en que el USS Shaw, un buque destructor, explotó a causa del ataque japonés a Pearl Harbor, el 7 de diciembre de 1941
https://commons.wikimedia.org/wiki/File:USS_SHAW_exploding_Pearl_Harbor_Nara_8 0-G-16871_2.jpg

Finalmente, Estados Unidos sufrió grandes pérdidas tras el ataque, perdiendo múltiples acorazados, cruceros, destructores y aviones. Las bajas estadounidenses superaron los dos mil soldados, marineros, infantes de marina y civiles. Enormes franjas de los muelles y muchos hangares y edificios fueron destruidos o dañados. De hecho, algunos de los daños en los edificios son visibles aún hoy. Además, cientos de aviones estadounidenses se perdieron por las bombas de uso general y antiblindaje lanzadas por los aviones japoneses, siendo la inmensa mayoría de los aviones destruidos mientras estaban en tierra y en los hangares. Debido a la naturaleza caótica de la emboscada y a la devastación desatada por los japoneses, los pilotos de la Fuerza Aérea estadounidense tuvieron inmensas dificultades para despegar durante el ataque para contraatacar. Esto significaba que los aviones japoneses tenían pleno dominio sobre los cielos.

Un pequeño bote va a rescatar a los marineros del acorazado en llamas, el USS West Virginia. Un espeso humo ahoga el aire y la superficie del agua
https://commons.wikimedia.org/wiki/File:USS_West_Virginia2.jpg

Las fuerzas japonesas, en cambio, sufrieron muy pocas pérdidas. Se destruyeron algunos submarinos menores y se perdieron veintinueve aviones y sesenta y cuatro vidas. Todo el ataque se llevó a cabo mediante dos oleadas de aviones de ataque lanzados desde portaaviones japoneses. Habían salido de la bahía de Hitokappu, situada al norte de Japón, aproximadamente dos semanas antes del ataque. Estos portaaviones eran barcos enormes, lo suficientemente grandes como para transportar, abastecer de combustible y desplegar cientos de aviones de combate y bombarderos. La primera oleada japonesa tuvo mucho más éxito que la segunda, ya que el ataque inicial hizo que los estadounidenses se dieran cuenta de que tenían que preparar y montar una estrategia de defensa antiaérea. Los torpedos japoneses, las bombas, las bombas antiblindaje y las ametralladoras de gran capacidad apuntaron a las tropas, los acorazados, los aviones, los puestos de avanzada y las bases estadounidenses con gran efecto. El ataque marcó la entrada oficial de los Estados Unidos de América en la Segunda Guerra Mundial.

Durante mucho tiempo, la falta de una declaración oficial de guerra por parte de Japón antes de lanzar el ataque fue retratada y considerada por muchos estudiosos como tardía. Se pensaba que esta supuesta tardanza se debía a una serie de factores, como la ineficacia de las comunicaciones diplomáticas de Estados Unidos, su complicada burocracia, así como que el mensaje formal de Tokio de que «las negociaciones de paz habían llegado oficialmente a su fin» era demasiado largo, y otros factores generales de torpeza y retrasos accidentales. Sin embargo, la reciente revelación de documentos oficiales por parte del erudito y profesor japonés Takeo Iguchi demuestra claramente que Japón no cumplió con el derecho internacional, ya que ocultó deliberada e intencionadamente su verdadera intención de guerra a Estados Unidos con la esperanza de tener éxito en su ataque sorpresa. Pearl Harbor fue, en efecto, planeado y ejecutado como un ataque sorpresa, y su principal objetivo era paralizar y neutralizar la Flota del Pacífico de la Armada estadounidense.

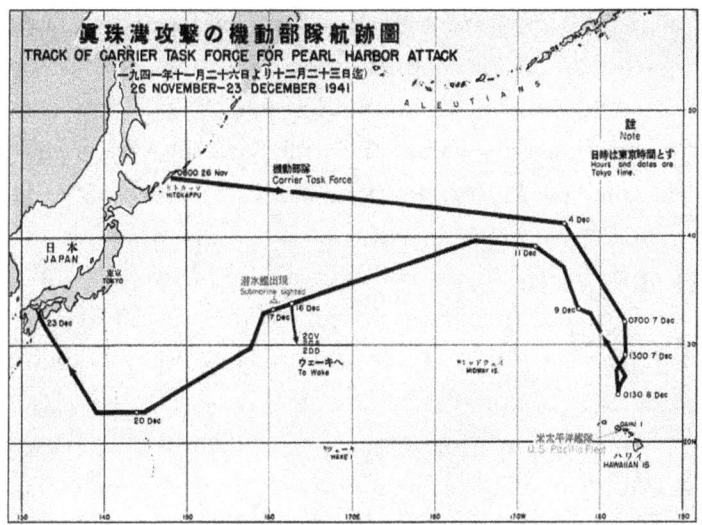

Un gráfico de la ruta que la flota japonesa utilizó para acercarse a Pearl Harbor. Las flechas indican su salida desde las islas del norte (bahía de Hitokappu) hacia Hawai'i (abajo a la derecha) y luego de vuelta a Japón
https://commons.wikimedia.org/wiki/File:Map_of_Pearl_Harbor_attack_force.jpg

Consecuencias

Las consecuencias más importantes del ataque a Pearl Harbor fueron que los Estados Unidos de América entraron formalmente en la Segunda Guerra Mundial y declararon la guerra a Japón. Hasta ese momento, los Estados Unidos de América se consideraban un actor neutral en la Segunda Guerra Mundial, ya que el país estaba oficialmente obligado por las Leyes de Neutralidad que el Congreso estadounidense había aprobado. Dichas leyes se centraban en el aislacionismo y el no intervencionismo, asegurándose de que Estados Unidos no se involucrara en los dos grandes conflictos que estaban teniendo lugar en Europa y en Asia. El 11 de diciembre de 1941, Alemania e Italia declararon la guerra a los Estados Unidos de América, y el Congreso estadounidense emitió declaraciones de guerra contra Alemania e Italia poco después. El ataque a Pearl Harbor también unió al pueblo de Estados Unidos, con un apoyo a la guerra contra Japón y sus aliados que superaba ampliamente el 90% del público en general.

El Pacífico Oriental no había visto aún una amenaza tan global. Los conflictos anteriores entre grupos de hawaianos, la guerra de 1812, la guerra mexicano-estadounidense, la guerra chino-japonesa, la guerra japonés-rusa e incluso la Primera Guerra Mundial habían dejado huellas en la región, pero nunca de forma tan directa. Hawai'i fue rápidamente reforzado y fortificado por las fuerzas y recursos enviados por Estados Unidos. Y lo que es más importante, las fuerzas japonesas habían considerado que su victoria táctica de destruir y paralizar los acorazados y aviones estadounidenses era más completa de lo que realmente era. En consecuencia, las fuerzas japonesas no eligieron como objetivo los astilleros de reparación de la marina de Pearl Harbor, los depósitos de petróleo, los hangares de almacenamiento de combustible, los muelles de submarinos, los diques secos y los edificios del cuartel general. Estas instalaciones resultaron ser más importantes para el esfuerzo bélico de Estados Unidos en el Pacífico que cualquier barco, permitiendo a Estados Unidos proporcionar apoyo logístico a todas las operaciones de la Armada estadounidense a través de Pearl Harbor.

En Hawai'i, sin embargo, las consecuencias fueron mucho más rápidas y supusieron cambios tanto en la estructura de la vida cotidiana como en la demografía de las islas. Los militares y los agentes del FBI (Buró Federal de Investigación) se encargaron de acorralar a los japoneses nacidos en el extranjero y a otros sospechosos. Las islas fueron sometidas a la ley marcial y se estableció un estricto toque de queda. Las actividades nocturnas estaban limitadas por el toque de queda impuesto por los militares. Estos tiempos fueron aterradores y estresantes para todos los que vivían en las islas. A casi todos los habitantes de las islas se les tomaron las huellas dactilares y se les expidieron documentos personales y de identificación. Incluso entonces, los trabajadores y residentes con un pase nocturno a veces eran detenidos y sometidos a un mayor escrutinio, ya que los soldados a menudo tenían dificultades para distinguir a los japoneses de los chinos, filipinos, coreanos o incluso nativos de Hawai'i. Muchas zonas costeras fueron designadas como prohibidas al público, y se colocaron guardias en costas, playas y acantilados importantes.

Primeros inmigrantes japoneses que llegaron a Hawai'i, siglo XIX
https://commons.wikimedia.org/wiki/File:Early_Japanese_immigrants_to_Hawaii.jpg

Después de que los Estados Unidos de América declararan la guerra al Imperio japonés, colocaron a más de 100.000 residentes japoneses en campos de internamiento por miedo a las lealtades equivocadas. Esto acabó por extenderse a Hawai'i, y aunque la gran mayoría de los descendientes de japoneses no fueron enviados a los campos de internamiento del continente, estos envíos siguieron produciéndose. Debido al temor generalizado de que se trazaran líneas raciales en la guerra y a la amenaza del «Peligro amarillo», hubo que idear estrategias sobre cómo manejar la población japonesa de Hawai'i. Estos planes incluían la toma de ciertos «rehenes estratégicos» y, finalmente, el registro y la consignación de los japoneses para que vivieran en comunidades aisladas. Hawai'i tenía demasiados japoneses americanos y japoneses como para merecer enviarlos a todos de vuelta al continente, y la isla tenía una gran necesidad de mano de obra y conocimientos. Por lo tanto, Hawai'i se transformó lentamente en una especie de campo de internamiento, con guardias vigilantes, comunidades cerradas y leyes estrictas. Las oportunidades de empleo para las mujeres aumentaron drásticamente en Hawai'i, así como en muchas otras partes del mundo, como resultado de la Segunda Guerra Mundial, con ofertas de trabajo para oficinistas, maestras, enfermeras, comerciantes e incluso mecánicos. Se buscaban hombres sobre todo para el trabajo físico y el esfuerzo bélico, pero se hacía mucho hincapié en que el trabajo agrícola debía continuar a pesar de la guerra. De hecho, existen relatos fiables de trabajadores de plantaciones a los que se les negó el alistamiento porque el gobierno sabía que el trabajo que realizaban en los ingenios azucareros y en los campos era más importante para el esfuerzo bélico. En su lugar, algunos de los trabajadores fueron asignados a la «guardia doméstica» y se les dieron rangos militares, entrenamiento y armas. Estos hombres serían adscritos a la 21ª Infantería del Ejército de los Estados Unidos, pero la mayoría de ellos nunca serían enviados. Los trabajadores también «sangrarían» en los puestos de trabajo circundantes, como trabajar en el hospital de la plantación, ayudar en la morgue, ayudar en las tareas de oficina y administrativas, y trabajar en el servicio de comidas. Hawai'i no sufrió más ataques ni batallas durante el resto de la Segunda Guerra Mundial, y se gobernó durante la guerra con un gobierno militar, dirigido por tres gobernadores militares: Walter Short, Delos Emmons y Robert Richardson Jr.

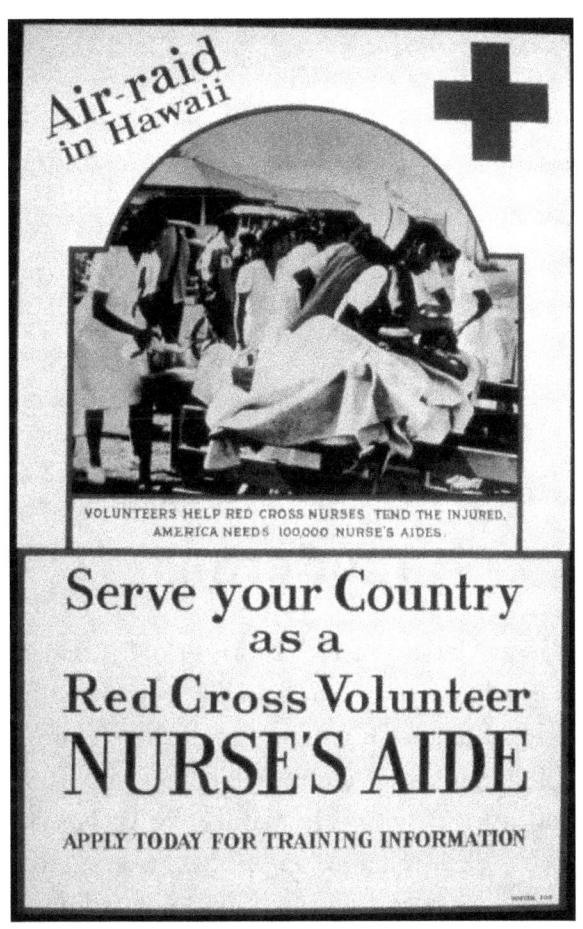

Convocatoria de enfermeras y auxiliares de enfermería de la Oficina de Gestión de Emergencias, fechada entre 1941 y 1945
https://commons.wikimedia.org/wiki/File:Air_raid_in_Hawaii_-_Red_Cross_-_NARA_-_513770.jpg

Capítulo 8 - El Hawai'i moderno

Hawai'i fue considerado un territorio de los Estados Unidos durante la Segunda Guerra Mundial, y la mayoría, si no todos, los aspectos de su gobierno fueron determinados por un gobierno militar. Los alimentos y el combustible estaban racionados, y se daba prioridad a los defensores, guardias de vigilancia, soldados y marineros. La televisión, la radio y los periódicos fueron censurados, editados y controlados por los estadounidenses para impedir que la propaganda enemiga llegara al pueblo hawaiano. El comercio, los mercados y las empresas fueron nacionalizados en ocasiones y, en otras, controlados y regulados para ayudar al esfuerzo de guerra. Incluso los tribunales, los jurados y los testigos estaban en deuda con el esfuerzo militar, lo que dio lugar a que los diferentes departamentos federales estadounidenses entraran en conflicto por los intereses de las tierras de Hawai'i mientras la Segunda Guerra Mundial hacía estragos.

Transición política

Antes de la Segunda Guerra Mundial, concretamente en 1900, el Congreso de los Estados Unidos promulgó la Ley Orgánica de Hawái, que era una legislación que establecía el Territorio de Hawái y lo dotaba de una constitución y una base gubernamental. Como la ortografía lingüística no estaba entonces tan avanzada como ahora, los documentos políticos estadounidenses más importantes tienen Hawai'i escrito como «Hawaii» (en inglés) sin diacríticos. Por lo tanto, falta la ligera pausa en la pronunciación tradicional hawaiana del nombre. (Como se ha observado a lo largo del libro, hemos optado por utilizar la grafía tradicional a menos que Hawai'i se utilice en un nombre propio, como el Estado de Hawái o la República de Hawái). La ley sería finalmente sustituida por la Ley de Admisión de Hawái en 1959, mediante la cual Hawai'i obtendría la condición de estado y se uniría a los Estados Unidos de América como tal.

La ley marcial que había gobernado las islas de Hawai'i durante la Segunda Guerra Mundial dejó tras de sí una sed de libertades básicas. Hacia el final de la guerra, en 1944, a medida que las fuerzas aliadas reforzaban su dominio en el teatro del Pacífico, se produjo lentamente una transición fuera de la ley marcial. En una fase de transición de aproximadamente dos años, en la que las leyes extremadamente restrictivas se fueron relajando progresivamente, comenzó un movimiento hacia un estado de cosas más democrático. Parte de la fuerza motriz de este movimiento democrático fue la constatación y el énfasis en el hecho de que Hawai'i nunca había cedido voluntariamente el poder político a los Estados Unidos de América y que, de hecho, había sido tomado por la fuerza.

El Partido Republicano de los Estados Unidos había tenido el poder sobre las islas de Hawai'i desde la Constitución de la Bayoneta, y muchos oligarcas de las plantaciones de azúcar también conservaban grandes cantidades de tierra e influencia política. Ante el aumento de las tensiones raciales y la conciencia de las prácticas y políticas discriminatorias, un político en particular pasaría a primer plano y se convertiría en el político más influyente en los asuntos de Hawai'i durante casi dos décadas. Ese político fue John Anthony

Burns, y su legado político es sin duda significativo. Entre los funcionarios estadounidenses que llegaron a gobernar Hawai'i, se le considera un político benévolo que, en su mayor parte, tuvo en cuenta los intereses de Hawai'i y aportó muchas mejoras y cambios valiosos para Hawai'i y su gente.

John A. Burns, segundo gobernador de Hawai'i, en su reunión con el presidente Lyndon B. Johnson, el 6 de febrero de 1966
https://commons.wikimedia.org/wiki/File:John_A._Burns_1966.jpg

John Burns nació en Montana y se trasladó a Hawai'i a los veinte años, encontrando trabajo como policía. Cuando estalló la guerra con Japón, fue ascendido a jefe de la Oficina de Espionaje del Departamento de Policía de Honolulu y se le encomendó la tarea de investigar a la población japonesa de Hawai'i. A través de esta tarea, John Burns llegaría a conocer muy bien a las comunidades japonesa y hawaiana, lo que resultó útil para dar forma a sus políticas posteriores. Al final de la Segunda Guerra Mundial, Burns se dedicó a la política y tenía un objetivo específico y revolucionario en mente. John Burns creó una coalición política que acabaría incluyendo a muchas facciones, como veteranos de guerra, sindicatos, miembros selectos del Partido Comunista de Hawai'i, y hawaianos y estadounidenses de origen japonés.

Entre tanta gente que era elitista desde el punto de vista racial y social, John Burns era muy diferente. Había sufrido muchas tragedias y reveses en la vida, e impulsó un nuevo frente político progresista, en el que pretendía acabar con los privilegios históricos en la medida de lo posible y dar a todos los ciudadanos la misma oportunidad de alcanzar sus sueños y aspiraciones. Después de unos ocho años, Hawai'i sufriría su Revolución Democrática de 1954, que fue liderada por el propio Burns, y pasaría a ganar las elecciones a gobernador de Hawai'i. Burns sería reelegido dos veces más en 1966 y 1970. John Burns también fue elegido delegado de Hawai'i en el Congreso y se le atribuyen muchos méritos, como el de encabezar el movimiento por la estadidad de Hawai'i, el de revitalizar múltiples sectores económicos y el de mejorar y ampliar drásticamente las instituciones educativas de Hawai'i. John Burns falleció tristemente en 1973 tras luchar contra el cáncer. Su muerte fue testigo de una avalancha de elogios y adulación que no se había visto desde los tiempos del propio rey Kalakaua.

El movimiento para separarse del Territorio de Hawái surgió como una serie de elecciones que presionaron al actual Partido Republicano de Hawái. Hubo protestas masivas, huelgas generales y actos de desobediencia civil. Las huelgas de los sindicatos y las reivindicaciones del pueblo jugaron un papel importante en la definición de las presiones económicas que permitirían al pueblo hawaiano tener más influencia sobre su propio destino político.

Con el tiempo, estos acontecimientos irían desgastando y disminuyendo en gran medida el poder de las corporaciones de las plantaciones de caña de azúcar y del Oligopolio de los Cinco Grandes. Las Cinco Grandes eran cinco empresas agrícolas que se dedicaban principalmente a las plantaciones de caña de azúcar y frutas, aunque hoy en día han diversificado sus empresas.

Las primeras organizaciones de este empuje contra los oligarcas y la jerarquía empresarial establecida se mantuvieron como un movimiento clandestino para evitar que fuera rápidamente aplastado. A medida que cobraba impulso, se organizaban y llevaban a cabo huelgas, a menudo de carácter étnico. Debido a la desunión entre los grupos étnicos, a veces las empresas podían contratar a un campo étnico diferente para ayudar a cubrir los huecos de mano de obra cuando sus trabajadores originales se ponían en huelga. Muchas facciones y grupos políticos diferentes surgieron y cayeron, incluyendo la caída de más partidos comunistas y de extrema izquierda. Los demócratas empezaron a ganar muchos más territorios que los republicanos, y el impulso a la estadidad comenzó poco después. Fuera de la contribución de John Burns, los hawaianos políticamente astutos y educados se unieron bajo la bandera del Partido Demócrata y comenzaron a luchar dentro de la construcción del sistema bipartidista estadounidense. Pensaron que el verdadero poder político y la soberanía sobre sus tierras natales les estaban vedados mientras Hawai'i fuera un territorio, y alimentaron el impulso hacia la estadidad.

El impulso de la estadidad no era algo nuevo, aunque se tardó mucho tiempo en conseguirlo finalmente. En el Tratado de Anexión de 1854, hay una cláusula que expresa la intención de los primeros redactores de buscar la estadidad lo antes posible. Los poderes políticos de Washington, D. C., habían mostrado poco o ningún interés en otorgar a Hawai'i la condición de estado, y la oposición a la condición de estado de Hawai'i utilizaba el miedo al comunismo como máscara para promover su agenda. En 1956, las buenas maniobras políticas y la formación de coaliciones habían eliminado casi por completo cualquier preocupación comunista y habían puesto en primer plano muchas otras cuestiones, lo que hacía mucho más difícil ignorar el creciente movimiento. El mensajero de Hawai'i, John Burns, llegó a Washington y se encontró con que tanto la Cámara de Representantes como el Senado trabajaban con las mayorías demócratas. Como es bien sabido, John Burns traía y entregaba lo mejor de los productos hawaianos, como flores, productos de azúcar y piñas, a las oficinas del Congreso para contribuir a su causa. Tras un intenso cabildeo, el Congreso aprobó la Ley de Admisión y se sometió al pueblo hawaiano a un referéndum para decidir si quería seguir siendo un territorio estadounidense o aceptar la nueva Ley de Admisión de Hawái. La votación mostró que el 94% estaba a favor de la estadidad. La Ley de Admisión fue firmada por el presidente Dwight D. Eisenhower en 1959, admitiendo a Hawai'i en la Unión y convirtiéndolo en el último estado en unirse a los Estados Unidos.

El Segundo Renacimiento hawaiano

El Primer Renacimiento hawaiano se considera generalmente como el impulso inicial hacia el nacionalismo y el resurgimiento de las costumbres, la lengua y las prácticas tradicionales de los nativos hawaianos. Los estudiosos suelen citar que este impulso comenzó con el propio rey Kamehameha, pero también mencionan siempre especificamente al rey Kalakaua, ya que dio pasos significativos para impulsar la cultura nativa hawaiana hacia la era moderna. Un ejemplo importante de sus medidas fue cuando sustituyó el himno nacional cristiano por «Hawai'i Pono'i», que sigue siendo su canción estatal en la actualidad. En particular, encargó la grabación de cientos de cantos hawaianos y recitaciones de mitos y leyendas, como el mito de la creación de Kumulipo.

Un funcionario abraza la estatua del rey Kamehameha I durante la ceremonia de colocación del lei en el Día del Rey Kamehameha
Anthony Quintano from Honolulu, HI, United States, CC BY 2.0
https://creativecommons.org/licenses/by/2.0 via Wikimedia Commons
https://commons.wikimedia.org/wiki/File:King_Kamehameha_Day_Lei_Draping_Ceremony_Hawaii_(35194486386).jpg

El Segundo Renacimiento hawaiano fue mucho más reciente y estuvo definitivamente impulsado desde una perspectiva musical, lo que explica gran parte del profundo e influyente legado de Israel Kamakawiko'ole (su obra se analizará en el siguiente capítulo). El movimiento comenzó a finales de la década de 1960 y vio un resurgimiento de la música y el arte nativo hawaiano, junto con una revitalización de los intereses locales y académicos en la lingüística y el lenguaje hawaiano. El pidgin, también conocido como criollo, comenzó a ser estudiado y analizado en serio, ya que aportaba pistas increíblemente importantes sobre los universales lingüísticos y la creación de lenguas. Además, empezaron a ganar terreno otras investigaciones y estudios sobre la artesanía y las habilidades tradicionales de los nativos hawaianos.

Naturalmente, la literatura hawaiana y la poesía escrita por los nativos empezaron a ganar terreno también, y posteriormente reforzaron el Segundo Renacimiento hawaiano, ya que la literatura a menudo mencionaba y exploraba las culturas pasadas y las artes perdidas del pueblo de Hawai'i. Afortunadamente, este movimiento también redescubrió y conservó las obras anteriores de escritores como David Malo, John Papa 'I'i, Kepelino y Samuel Kamakau. Esto ayudó a cimentar la comprensión de la antigua vida de los nativos hawaianos y también impulsó una generación de arte reconstructivista como la *kapa* hawaiana (tapices de tela de corteza), los tatuajes hawaianos, las capas de plumas, los petroglifos religiosos e incluso el propio hula. De hecho, Hawai'i se convirtió en el primer estado de los Estados Unidos de América en aprobar una ley de «Porcentaje de Arte», en la que los proyectos y planes de desarrollo a gran escala debían incluir un pequeño porcentaje de espacio y fondos para el arte público.

También se renovaron los esfuerzos de silvicultura y restauración de la tierra, y los lugares que antes estaban contaminados o sobreexplotados empezaron a ser administrados adecuadamente. Esto comenzó en serio a nivel federal tras la aprobación de la Ley Nacional de Política Medioambiental en 1969, a la que pronto siguieron leyes similares en diferentes estados. Entonces se empezó a trabajar en la determinación de las ubicaciones de los hábitats críticos para las especies amenazadas y en peligro de extinción, y en la puesta en marcha de planes de recuperación y equipos de asesoramiento, algo que se sigue haciendo hasta el día de hoy. Lamentablemente, muchas aves del bosque hawaiano, caracoles arbóreos y diferentes tipos de plantas ya se han extinguido, pero, de forma alentadora e inesperada, varias ramas del ejército estadounidense han incorporado a su personal especialistas en protección del medio ambiente, y se han reservado terrenos en las bases militares para proteger y vigilar ciertas especies.

Las artes hawaianas, incluidas las formas de danza hawaiana del hula, se recuperaron con las reformas de Kalakaua y volvieron a resurgir con el Segundo Renacimiento hawaiano. Hollywood dio protagonismo al hula, aunque era una versión comercializada y diluida de la danza, y se extendió rápidamente por el mundo occidental. El turismo se disparó con la renovación de las formas artísticas de los nativos hawaianos. Artistas hawaianos y residentes, como Herb Kawainui Kane, Keichi Kimura, Brook Kapukuniahi Parker, Hon Chew Hee y Ogura Yonesuke Itoh, crearon muchas representaciones hawaianas hermosas y conmovedoras de la navegación, la cultura oceánica, los pueblos nativos, los paisajes volcánicos y muchas otras facetas de Hawai'i.

El movimiento por la soberanía hawaiana

En tiempos más modernos ha resurgido el movimiento para que Hawai'i recupere una mayor parte de su soberanía perdida, un movimiento de base que se ha denominado movimiento por la soberanía hawaiana. Este empuje se produce a través de muchas lentes diferentes: económica, intelectual, política, histórica y social. En esencia, el movimiento busca algún tipo de reparación o reforma por parte de los Estados Unidos de América debido a que Hawai'i fue arrebatado a sus gobernantes nativos por medios ilegales y de fuerza. Los problemas derivados de que Hawai'i esté gobernado por Estados Unidos también se han sumado al movimiento, citando problemas como la falta de vivienda, la falta de movilidad social, la inflación inmobiliaria, el aburguesamiento, la pobreza y otros problemas que afectan a las islas de Hawai'i.

A medida que los hawaianos recuperaban su posición política y económica, la población comenzó a educarse y a organizarse para hacer frente a las decisiones de Washington, D. C., debido a que las regulaciones federales a menudo no tenían suficientemente en cuenta al pueblo hawaiano y los problemas específicos de Hawai'i. Por ejemplo, aunque la oligarquía de la caña de azúcar y de la piña se había neutralizado en gran medida en comparación con sus días dorados de poder, muchos magnates y hombres de negocios estadounidenses seguían teniendo dominio sobre enormes parcelas de tierra. Estos grupos seguían teniendo un considerable poder monetario y político e inevitablemente contribuyeron a elevar los índices de urbanización y comercialización más allá de lo que los nativos hawaianos podían soportar. A medida que el pueblo hawaiano recuperaba su voz, se hacía cada vez más evidente para todos los espectadores que debía tener más control sobre sus propios recursos naturales.

La bandera hawaiana, utilizada originalmente en la época del reino de Hawái, pero puesta al revés para simbolizar el desamparo de Hawai'i. Esta versión de la bandera es utilizada por el movimiento soberanista hawaiano
https://commons.wikimedia.org/wiki/File:Flag_of_Hawaii.svg

Una parte del movimiento por la soberanía hawaiana que sigue siendo muy relevante hoy en día es la comparación entre los derechos de los nativos americanos y los derechos de los nativos hawaianos. Los nativos americanos, junto con los nativos de Alaska, poseen derechos de autodeterminación consagrados por la Constitución que los nativos hawaianos no tienen. Aunque Estados Unidos ha reconocido en los últimos tiempos los derechos y la soberanía de los hawaianos nativos para gobernarse a sí mismos y a sus islas, este reconocimiento no se ha hecho explícito. Esta falta de un entendimiento claro y de una legislación escrita es un punto de controversia que continúa aún hoy, con muchos grupos de soberanía hawaiana que luchan contra EE. UU. con la conciencia, las protestas y la ley.

Turismo y comercialización

El turismo se ha convertido en una parte importante de la economía hawaiana, especialmente desde principios del siglo XX. Más recientemente, el mercado y la conciencia detrás del turismo hawaiano han madurado, con más énfasis en el turismo ecológico responsable, representaciones nativas e históricas adecuadas y experiencias culturales genuinas. Como el ejército de Estados Unidos tiene una presencia importante en Hawai'i, las opciones de transporte nunca fueron un problema para la gente una vez que el turismo empezó a despegar, ya que sus raíces se establecieron antes de la Segunda Guerra Mundial. Hawai'i se promocionaba como una escapada exótica que seguía siendo muy americana. La estética de Hawai'i se centraba en las flores, la luz del sol, las playas, el surf, las bailarinas exóticas y, en general, los elementos de temática tropical-paradisíaca. Aunque la publicidad de las islas de Hawai'i como tal atrajo sin duda a muchos visitantes curiosos, pintó una narrativa falsa que se perpetuaría durante las décadas siguientes.

La famosa activista y escritora hawaiana Haunani-Kay Trask escribió que, aunque muchos estadounidenses habían oído hablar de Hawai'i, y algunos incluso la habían visitado, pocos sabían cómo había llegado Hawai'i a estar incorporada territorialmente y subordinada económica y políticamente a Estados Unidos. Continúa señalando que el vasto sistema de turismo capitalista muestra Hawai'i a millones de turistas cada año, pero no muestra la verdadera cara de Hawai'i a ningún porcentaje real de esos turistas. Este rechazo a la actitud del turismo centrado en el beneficio ha empezado a ser reconocido poco a poco, haciendo que Hawai'i no sea solo una tierra de escapada de fantasía que resulta estar a cinco horas de California en avión, sino una nación insular con una rica historia y una población diversa.

Los defensores y los educadores subrayan que esta concientización es crucial para ayudar a combatir los estereotipos e ideas erróneas sobre Hawai'i, que son incorrectas y están establecidas, y también para evitar que se sigan erosionando y destruyendo la cultura, los artefactos históricos y la tierra de los nativos hawaianos. En las últimas décadas, muchas empresas e industrias turísticas han promovido constantemente la construcción de más hoteles, campos de golf y escaparates turísticos de aspectos escogidos de la cultura local. Estas campañas a menudo se realizan a costa de terrenos ecológica o históricamente importantes, y aumentan inevitablemente los precios de los inmuebles a tasas artificiales, lo que provoca el aburguesamiento. Hoy en día, los historiadores, activistas y estudiosos están utilizando las plataformas tecnológicas modernas para llegar y mostrar que Hawai'i es mucho más que eso. Los estudios ecológicos, las instituciones educativas y las organizaciones locales han desempeñado y seguirán desempeñando un papel fundamental en la lucha contra la desvalorización de Hawai'i como mera isla de destino vacacional.

Capítulo 9 - Personajes notables de Hawai'i

Akebono Taro

Chadwick Haheo Rowan es un atleta hawaiano que comenzó a jugar al baloncesto como pívot debido a su inmensa altura de 2,03 metros y a su fuerza. Más tarde se convirtió en Akebono Taro, el primer luchador de sumo no nacido en Japón que alcanzó el estatus de *yokozuna*, el rango más alto en el sumo.

Durante un breve periodo, asistió a la Hawaii Pacific University, pero voló a Japón cuando tenía diecinueve años para empezar a entrenar en el sumo en el establo Azumazeki («establo» se refiere a una casa de entrenamiento para luchadores de sumo). Chad Rowan adoptó entonces el *shikona* (nombre del ring de sumo) de Akebono, que significa «nuevo amanecer» en japonés.

Su enorme altura, tamaño y fuerza pronto hicieron evidente que era una fuerza a tener en cuenta, ascendiendo rápidamente en las filas del sumo. Al llegar a la máxima división competitiva del sumo, recibió un premio especial por derrotar a un *yokozuna*, una hazaña que pocos luchadores principiantes consiguen. Su impresionante estatura y tamaño le convirtieron en un luchador reconocible al instante y contribuyeron a aumentar la popularidad del sumo en el extranjero y en Japón. Él, junto con otro luchador de sumo hawaiano increíblemente famoso llamado Konishiki Yasokichi, fueron los pioneros en impulsar a los luchadores de sumo nacidos en el extranjero. Konishiki sería el primer luchador de sumo no japonés en alcanzar el rango de *ozeki*, pero se le negaría el ascenso a *yokozuna*.

Las buenas actuaciones de Akebono y sus victorias en los campeonatos de la década de 1990 le valieron el ascenso a *yokozuna*. El rango de *yokozuna* es el más alto posible de los campeones de sumo, y conlleva privilegios especiales y reconocimiento. Su reinado como *yokozuna* duró ocho largos años y le hizo ganar el campeonato ocho veces más, lo que le convirtió en un fuerte aspirante y en el favorito de los aficionados. Durante este tiempo se convirtió en ciudadano japonés.

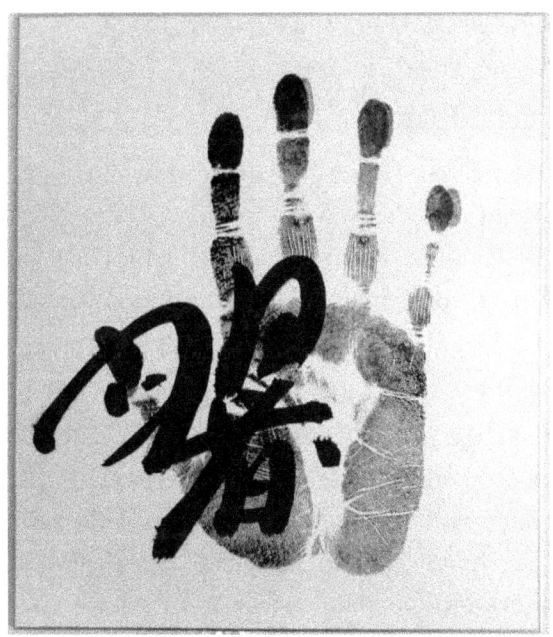

Tegata oficial (huella de la mano y firma) de Akebono Taro
Credito: Jeangigot, CC BY-SA 4.0 https://creativecommons.org/licenses/by-sa/4.0 via Wikimedia Commons
https://commons.wikimedia.org/wiki/File:Akebono_original_tegata.jpg

El ascenso de Akebono fue un momento innovador en el sumo japonés, ya que antes se consideraba una regla tácita que solo los luchadores nacidos en Japón podían optar al estatus de *yokozuna*. El Consejo de Deliberación de Yokozuna había visto a Akebono comportarse con la dignidad y la humildad necesarias para un rango tan exaltado, a pesar de que previamente habían rechazado a Konishiki para la promoción a *yokozuna*. La genuina pasión de Akebono tanto por el deporte como por la cultura japonesa era evidente para muchos espectadores, e incluso se le concedió el honor de representar a Japón en la ceremonia de apertura de los Juegos Olímpicos de Invierno de 1998 después de que su compañero *yokozuna*, Takanohana Koji, cayera enfermo.

Las contribuciones de Akebono y Konishiki a la proliferación del sumo japonés en el extranjero y el cambio gradual en las actitudes y percepciones hacia los luchadores no japoneses ayudaron a allanar el camino para muchos otros *yokozuna* que vendrían después de ellos.

Barack Obama

Barack Obama fue elegido cuadragésimo cuarto presidente de los Estados Unidos y ocupó dos mandatos, de 2008 a 2016. Se presentó como candidato por el Partido Demócrata y se aseguró la victoria frente a sus principales oponentes del Partido Republicano, John McCain y Mitt Romney, respectivamente.

Los padres de Barack Obama estudiaron en la Universidad de Hawái y se conocieron allí en 1960. Finalmente se casaron en la isla de Maui y tuvieron su único hijo, Barack Obama. Obama nació en la isla de O'ahu, en la capital, Honolulu, el 4 de agosto de 1961. Pasó la mayor parte de su infancia en Honolulu y regresó brevemente a Indonesia para visitar a su padrastro. Obama fue educado en el Punahou School, un colegio privado situado en Honolulu. Su vida y su educación no fueron religiosas, ya que sus padres y abuelos eran mayoritariamente no creyentes.

Posteriormente, Obama estudió Derecho en la Universidad de Columbia y en la Facultad de Derecho de Harvard. Es un abogado consumado, que ha enseñado derecho constitucional en la Facultad de Derecho de la Universidad de Chicago durante más de diez años, llegando a ser profesor titular. También ejerció como abogado en el bufete Davis, Miner, Barnhill & Galland, especializado en litigios sobre derechos civiles. Allí se abrió camino en la cadena de antigüedad y dirigió una demanda colectiva contra la Caja de Ahorros Federal Citibank.

Obama es el primer presidente afroamericano de Estados Unidos y antes de eso fue senador estadounidense y senador estatal de Illinois. Como presidente de los Estados Unidos, firmó muchos proyectos de ley que tuvieron un gran impacto, incluso si las propias reformas fueron criticadas. Algunos ejemplos son la Ley de Asistencia Asequible (también conocida como Obamacare), la Ley de Recuperación y Reinversión de Estados Unidos de 2009, la Ley Dodd-Frank de Reforma de Wall Street y Protección del Consumidor, y muchas otras.

Retrato fotográfico oficial del Presidente Barack Obama
Credito: Pete Souza, CC BY 3.0 https://creativecommons.org/licenses/by/3.0 via Wikimedia Commons
https://commons.wikimedia.org/wiki/File:Official_portrait_of_Barack_Obama.jpg

Muchos citan la presidencia de Obama como un punto de inflexión para las relaciones raciales en los Estados Unidos de América. Su postura en asuntos exteriores fue variada, desde que supervisó la retirada gradual de los soldados estadounidenses en Irak hasta que presidió la misión que condujo a la muerte de Osama bin Laden. Sin embargo, Obama también presidió y defendió el PRISM, que era el nombre en clave del programa de vigilancia masiva que llevaba a cabo la Agencia de Seguridad Nacional. A través de este programa, se recogían, almacenaban y vigilaban las comunicaciones por Internet de varias empresas estadounidenses, supuestamente para la seguridad del pueblo estadounidense. Aunque muchas partes de su legado presidencial han sido objeto de duras críticas, Barack Obama sigue siendo considerado por los estudiosos, analistas políticos e historiadores como un gran presidente, y aún hoy goza de un alto nivel de popularidad.

Barack Obama ha escrito que vivir en Hawai'i le permitió conocer una gran variedad de culturas y crecer en un clima de respeto mutuo. Cita a su madre como una influencia determinante en sus puntos de vista, su educación y su exposición al movimiento por los derechos civiles de las décadas de 1950 y 1960, especialmente porque la población afroamericana era minúscula, incluso en la diversidad étnica de Hawai'i. Su presidencia ha sido y sigue siendo aclamada como un momento decisivo en la política estadounidense y un paso más en la dirección correcta de que el sueño americano esté al alcance de todos los estadounidenses.

Bruno Mars

Bruno Mars nació con el nombre de Peter Gene Hernández en Honolulú (Hawai'i) y rápidamente alcanzó la fama internacional gracias a sus increíbles habilidades vocales y a su amplia gama de estilos musicales. Su trabajo ha incluido los géneros de pop, rhythm and blues, funk, soul, rock y reggae. Desde muy temprano estuvo expuesto a una amplia gama de estilos musicales, en particular a la obra de Elvis Presley. Bruno cita a Elvis y a Michael Jackson como inspiraciones clave para su presencia en el escenario y sus actuaciones. Al crecer en Hawai'i y escuchar la radio y las actuaciones de percusión de su padre, recibió la influencia de la música hawaiana e incluso de la música hula.

De pequeño le pusieron el apodo de Bruno, y más tarde decidió añadir Mars (Marte) para que sonara como si fuera de otro planeta y así las discográficas y compañías de música dejaran de intentar encasillarlo como «el próximo Enrique Iglesias». Su padre es de ascendencia puertorriqueña y judía, y su madre es filipina y española, y se conocieron actuando en un espectáculo. Bruno se convertiría en uno de los artistas musicales más vendidos de todos los tiempos, con más de 130 millones de discos vendidos en todo el mundo. Es conocido por varios singles de éxito, como «Grenade»,

«When I Was Your Man», «Just the Way You Are» y «Uptown Funk». Su fama, personalidad, filantropía y destreza musical le han hecho merecedor de múltiples y prestigiosos galardones, como once premios Grammy, nueve American Music Awards y tres récords mundiales Guinness.

Bruno Mars, 2021
Credito: LXT production, CC BY-SA 4.0 https://creativecommons.org/licenses/by-sa/4.0 via Wikimedia Commons
https://commons.wikimedia.org/wiki/File:Bruno_Mars.jpg_by_LXT_production.jpg

Después de que sus padres se divorciaran y los diversos negocios de su padre acabaran fracasando, Bruno y su familia tuvieron que trasladarse a los barrios más pobres de Hawaiʻi. Él y su familia crecieron y se abrieron paso en tiempos difíciles, pero Bruno guarda un buen recuerdo de Hawaiʻi, con visitas regulares y conciertos en las islas. Dice que en los años en los que aún no era famoso, recibía llamadas telefónicas desde su país, pero se mantenía evasivo porque no quería volver a Hawaiʻi como un fracasado. Quería volver como un éxito y hacer que su familia y su comunidad se sintieran orgullosas de él. Atribuye gran parte de su presencia escénica, sus técnicas y su evolución musical a haber crecido en Hawaiʻi, ya que actuó y ayudó en muchos espectáculos con la banda de su padre.

Incluso hoy en día, sigue siendo un nombre relevante y solicitado en la industria de la música, con grabaciones de largometrajes, remezclas y nuevos álbumes que siguen irrumpiendo en el Billboard Hot 100. Sus ambiguos rasgos raciales le han hecho sentirse a veces fuera de lugar en la industria musical, pero en última instancia no han hecho sino aumentar su popularidad y atractivo. Este desafío a la categorización también se ha trasladado a su estilo musical, con elementos retro en sus giras musicales, diversas rutinas de baile en sus vídeos musicales y fusiones únicas de géneros musicales que se han convertido en algo típico de Bruno Mars a lo largo de los años. Ha realizado una labor centrada en la concesión de becas a los hawaianos que se aventuran en la industria de la música mediante la asociación con la Hawai'i Community Foundation y la Grammy Foundation. El programa ayuda a los jóvenes con la formación, las carreras y la inmersión interactiva, y se creó en honor a la madre de Bruno.

Bethany Hamilton

Bethany Hamilton es una surfista profesional que nació en la isla de Kaua'i en 1990. Creció en Hawai'i y conoció el deporte del surf muy pronto, a los tres años. La mayor parte de la familia de Bethany también era surfista y le ayudó a cultivar su nueva pasión. Cuando solo tenía ocho años, empezó a surfear de forma competitiva, llegando a ganar el primer puesto en la División Femenina Abierta de 2002 de la Asociación Nacional de Surf Escolar de Estados Unidos. Bethany siguió compitiendo en muchas otras competiciones de surf e incluso ganó un buen número de ellas.

El 31 de octubre de 2003, mientras Bethany iba a hacer surf por la mañana en las playas y olas de Tunnels Beach, Kaua'i, fue atacada por un tiburón tigre de más de tres metros de largo. El tiburón dio un enorme mordisco a la tabla de surf de Bethany y, al mismo tiempo, le mordió el brazo izquierdo. Bethany estaba tumbada boca abajo cuando se produjo el ataque, y también estaba hablando con su compañera de surf y amiga íntima, Alana Blanchard. El ataque dejó a Bethany en estado de shock, y fue llevada a la orilla por Alana junto con el hermano y el padre de esta. Bethany perdió tanta sangre de camino al hospital que entraba y salía de la conciencia. Un médico se apresuró a salvar su vida y consiguió estabilizarla. El tiburón responsable del ataque fue capturado y muerto por los pescadores locales. Impávida, Bethany volvió a surfear a pesar del trauma extremo del incidente, y estaba montando las olas apenas un mes después del ataque.

Bethany Hamilton montando una ola en 2016
Credito: troy_williams, CC BY 2.0 https://creativecommons.org/licenses/by/2.0 via Wikimedia Commons
https://commons.wikimedia.org/wiki/File:Bethany_Hamilton_surfing_(sq_cropped).jpg

El atentado y la valentía de Bethany ante semejante catástrofe recibieron cobertura internacional de diversos medios de comunicación. Fue invitada a numerosos programas de televisión, como *The Oprah Winfrey Show*, *Good Morning America* y *The Ellen DeGeneres Show*. Además, fue incluida en números de la revista *Time* y la revista *People* con artículos que mencionaban su actitud imperturbable y su historia motivadora. Bethany es una cristiana devota y ha mencionado que el ataque puso a prueba y a la vez fortaleció su fe en su religión, haciéndola reevaluar su vida y aprender a apreciar cada momento de ella.

Bethany tiene ahora una tabla hecha a medida que es mucho más fácil de usar y controlar con su brazo derecho, y sigue practicando el surf de forma competitiva. Ha escrito varios libros sobre su experiencia, su vida y su fe, y poco a poco ha desarrollado una carrera como oradora motivacional y entrenadora de vida. Ha puesto en marcha y dirige varios programas de divulgación y caridad, sobre todo programas para mujeres y hombres que han sufrido la trágica pérdida de un miembro o han sido amputados. Estos programas se centran en cultivar una mentalidad positiva hacia la vida, la forma física y la vida sana. Bethany es madre de tres hijos y sigue inspirando y educando a mujeres y hombres de todo el mundo.

Duke Kahanamoku

Duke Kahanamoku, cuyo nombre completo es Duke Paoa Kahinu Mokoe Hulikohola Kahanamoku, nació en 1890 en Honolulu, Oʻahu. Su madre era una mujer profundamente religiosa, y él recibió el nombre de su padre, que fue bautizado por un obispo visitante. Duke tenía una estatura impresionante, ya que medía más de un metro ochenta y pesaba casi noventa kilos. Su físico estaba a la altura de su capacidad atlética. Su complexión y su capacidad para conquistar grandes olas cuando surfeaba le valieron el apodo de «El Gran Kahuna», donde *kahuna* significa experto. Más tarde trabajaría como agente de la ley, actor, diseñador y constructor de tablas de surf, conserje y también empresario. Sin embargo, sus logros más famosos fueron en los Juegos Olímpicos, donde se convertiría en el primer hawaiano en ganar una medalla olímpica.

Duke Kahanamoku surfeando las olas de Waikiki, 1910
https://commons.wikimedia.org/wiki/File:Duke_Kahanamoku,_Waikiki,_1910.jpg

Duke era un nadador y surfista increíble, y llegó a ganar la medalla de oro de natación en los 100 metros libres en los Juegos Olímpicos de 1912 que se celebraron en Estocolmo, junto con una medalla de plata en la carrera de relevos masculina de 4x200 metros libres. Volvería a ganar la medalla de oro en los Juegos Olímpicos de 1920 y la de plata en los de 1924, situando a los nadadores hawaianos en el mapa mundial. Además, a Duke Kahanamoku se le atribuye el mérito de popularizar el surf y llevarlo a Australia y California. Su legado dio a este deporte el impulso que necesitaba para convertirse en un fenómeno y un pasatiempo internacional, y se le honra con estatuas en California y Australia. Gracias a sus contactos y a su popularidad en California, actuó como actor de fondo y personaje secundario en muchas películas de Hollywood. En la mayoría de los casos interpretó a personajes nativos de Hawai'i, fomentando una nueva relación entre las costas de Hawai'i y California.

En 1925, Duke rescató heroicamente a ocho hombres de un barco pesquero que había volcado debido a las fuertes olas y el mar embravecido frente a la costa de Newport Beach, en California. Utilizando su tabla de surf, Duke nadó entre el mar y la costa, subiendo a la gente a su tabla y ayudándoles a volver a la orilla. Este acontecimiento fue uno de los muchos factores que llevaron a que las tablas de surf se convirtieran en el equipo estándar de los socorristas y los equipos de rescate acuático. Además, prestó su voz para apoyar el movimiento por la estadidad de Hawai'i y fue elegido sheriff de Honolulu, cargo que ocupó durante veintinueve años.

Aunque fue discriminado por su piel y complexión oscuras, nunca se mostró amargado ni resentido. Por el contrario, tenía un aura de confiado optimismo y tranquila alegría, como señalaron muchas personas en los homenajes que le rindieron tras su fallecimiento en 1968, a la edad de setenta y siete años. Para todos los estudiosos e historiadores de su vida, está claro que Duke Kahanamoku ayudó a tender un puente entre Estados Unidos y Hawai'i. Sus cenizas fueron esparcidas en el océano.

Israel Kamakawiko'ole

Israel Kamakawiko'ole fue un músico y cantante hawaiano que alcanzó el éxito internacional por sus canciones y su voz. Muchos críticos musicales comentan que la música de Israel era la quintaesencia de lo hawaiano: sencilla pero profunda y adecuada en estilo y flujo. Israel atribuye a su tío, Moe Keale, también músico hawaiano y maestro del ukelele, una gran influencia en su música. Israel Kamakawiko'ole era un hombre inmenso, tanto literal como espiritualmente, que medía 1,88 m y pesaba más de 180 kg. Su música se convertiría en una fuerza profundamente inspiradora, conmovedora y unificadora para los hawaianos de todo el mundo.

Israel, o Iz, como se le conocía cariñosa y coloquialmente, estuvo expuesto a la música desde una edad muy temprana. Alrededor de los once años, le invitaban a subir al escenario con su ukelele para actuar y cantar con el músico hawaiano Del Beazley, quien señaló que la primera vez que escuchó a Iz en el escenario, toda la sala se quedó en silencio al oírle cantar. Junto con su hermano mayor, Skippy Kamakawiko'ole, y algunos otros amigos, Israel fundó los Makaha Sons, una banda que llegaría a ser muy famosa y a ganar premios en Hawai'i y en el extranjero.

Desgraciadamente, Skippy murió a los veintiocho años de un ataque al corazón, un incidente que probablemente fue provocado por su obesidad. Israel dejaría la banda y comenzaría su viaje como músico de solista, lo que dio lugar a la publicación de su primer álbum como solista en 1990. Posteriormente, la que se convertiría en su canción más famosa, el popurrí «Somewhere Over the Rainbow/What a Wonderful World», debutaría con su álbum *Facing Future* en 1993. *Facing Future* se convertiría en el primer álbum de platino certificado de la historia de Hawai'i, vendiendo más de un millón de copias solo en Estados Unidos.

Israel fue galardonado varias veces a lo largo de su vida con el premio al Vocalista Masculino del Año, al Artista Favorito del Año y al Álbum Contemporáneo del Año por la Academia de Artes de la Grabación de Hawái. Era conocido no solo por su música; Israel también defendía los derechos de los nativos hawaianos y su independencia, tanto a través de sus letras como de sus palabras. Iz comentó y tocó temas como el estatus social, la percepción de los nativos hawaianos de sí mismos, el abuso de drogas y la paternidad responsable.

Una de sus últimas apariciones públicas se convertiría en una de sus actuaciones más memorables y conmovedoras. En 1996, Israel asistiría al espectáculo de los premios Na Hoku Hanohano y actuaría espléndidamente, a pesar de ser alimentado con oxígeno a través de un delgado tubo de plástico debido a que su peso superaba ya los 300 kilos. Vestido de negro y con gafas de sol, Israel desprendió un aura de fría compostura y siguió su canción hablando de su historia con la música, la difusión del amor, la conexión con la ascendencia nativa y la condena de las drogas. Después, se sorprendería gratamente con un reencuentro en el escenario con los Makaha Sons, describiendo sus sensaciones como «no sabía lo que estaba pasando. Solo tenía los ojos cerrados. Oí la voz de Moon [Louis "Moon" Kauakahi] y abrí los ojos y miré a un lado y allí estaba... Estaba llorando, sí, estaba llorando. Había muchas emociones, mucho sentimiento de amor, un sentimiento impresionante de aloha».

Trágicamente, el famoso cantante falleció a la temprana edad de treinta y ocho años en 1997. Israel había luchado contra la obesidad y los problemas de salud relacionados con ella desde muy joven, ya que le encantaban los alimentos hawaianos ricos en almidón, aunque su genética probablemente no ayudó. Los problemas renales y respiratorios relacionados con la diabetes le afectaron durante los últimos años de su vida, y su salud se vio aún más comprometida por su consumo de tabaco y drogas, que comenzó cuando solo tenía quince años. Su consumo de marihuana le provocaba «hambre» lo que aumentaba su ya gran apetito.

Miles de personas asistieron a su funeral en el Capitolio del Estado de Hawái para presentar sus últimos respetos a un artista que era realmente más grande que la vida. La gente esperó de pie durante horas para pasar junto a su ataúd, que estaba hecho con el árbol Koa, un enorme árbol endémico de Hawai'i. La bandera hawaiana ondeó a media asta para el funeral de «La Voz de Hawai'i».

Capítulo 10 - La cultura de Hawai'i

Hawai'i es famosa por muchas influencias que ahora abarcan el escenario mundial, lo que es un logro impresionante para la nación insular. Los productos y vástagos de su cultura son a veces tan reconocidos y representativos de Hawai'i que sería una parodia no incluirlos en este libro.

Música y danza

Ukulele

Uno de los objetos hawaianos mencionados anteriormente es un instrumento que sí es mundialmente conocido, pues ha sido utilizado y popularizado por artistas musicales como el ya mencionado Israel Kamakawiko'ole, Taylor Swift, George Harrison de los Beatles, y otros. Además de aparecer en innumerables audiciones de concursos de talentos, este instrumento ha ganado popularidad junto a la invención de la fabricación de plásticos y se exportó a todo el mundo. Sin embargo, el ukelele es algo más que una «guitarra más pequeña»; se ha utilizado no solo como símbolo de la extensa y rica cultura e historia musical de Hawai'i, sino también como herramienta política, recuerdo turístico o codiciado objeto de coleccionismo.

Bailarinas de hula hawaiano con una guitarra (centro) y ukeleles (a ambos lados)
https://commons.wikimedia.org/wiki/File:Hula_dancers,_photograph_by_J._J._Williams_(PPWD-6-4.026).jpg

En la década de 1920, la antropóloga y etnomusicóloga Helen Roberts recibió el encargo de los funcionarios hawaianos de recopilar, grabar y publicar canciones, cantos y poemas tradicionales y antiguos de las islas hawaianas. Tras más de un año de trabajo, había recopilado cientos de registros mediante entrevistas y viajes. Uno de sus hallazgos más interesantes se presentó en un informe que concluía que el ukelele no era de origen hawaiano, a pesar de que era (y sigue siendo) ampliamente asociado con Hawai'i por los turistas, los músicos, los estudiosos e incluso los nativos hawaianos. En realidad, el ukelele desciende del machete de Madeira, y la palabra «machete» se refiere a un instrumento, no a un cuchillo ancho y pesado. Lo introdujeron en Hawai'i los inmigrantes portugueses de la isla de Madeira, situada frente a las costas de Marruecos y Portugal.

El machete de Madeira es un instrumento muy parecido al ukelele, es decir, parece una pequeña guitarra. Es un instrumento de cuerda que tiene cinco cuerdas de metal y que tradicionalmente está hecho de madera. Esta fue la plantilla sobre la que tres carpinteros modelarían el ukelele y se atribuirían la invención del instrumento.

Estos tres obreros inmigrantes eran Manuel Nunes, José do Espirito Santo y Augusto Dias, y estaban registrados como ebanistas. Al ser carpinteros, tenían los conocimientos necesarios para empezar a fabricar una réplica o variante del machete madeirense. Debido a los problemas agrícolas de la industria vitivinícola de Madeira en la década de 1840, la economía de la isla empeoró. A finales de la década de 1870, mucha gente estaba desesperada y en la indigencia. Poco después, muchos de ellos partieron en busca de mejor fortuna en un lugar lejano del Pacífico que, en aquel momento, se llamaba islas Sándwich. Estas islas estaban a seis meses de viaje, pero los trabajadores, tanto hombres como mujeres, estaban más que contentos de hacer un viaje tan largo por una oportunidad de un futuro mejor. Cuando sus contratos de trabajo expiraron, Nunes, Santo y Dias se dirigieron a Honolulu, la próspera ciudad y centro comercial de Hawai'i, y trataron de ganarse la vida allí. Todos ellos se pusieron a trabajar y publicaron anuncios en los periódicos como fabricantes de guitarras y de muebles que trataban con instrumentos de cuerda y armarios. Años más tarde, cada uno de ellos reivindicaría ser el inventor del ukelele, pero la verdad es que probablemente coinventaron el instrumento según las tendencias de la demanda económica y la creciente popularidad local y, en el proceso, se influyeron mutuamente.

Sin embargo, el ukelele llegó a vender millones de unidades fabricadas en diferentes estilos, especialmente en Estados Unidos. Uno de sus encantos fue que se convirtió en un fenómeno multimedia, tocándose en clubes nocturnos, restaurantes, orquestas y grupos de música hawaiana. Artistas de primera línea de la época como Johnny Marvin, Ernest Ka'ai y Frank Crumit no tardaron en coger el ukelele y subirse a la ola de popularidad del instrumento, al tiempo que lo aumentaban. El instrumento llegó incluso a

Broadway en el musical *Lady, Be Good*. Su difusión hizo que incluso el *New York Times* informara de que Eduardo, Príncipe de Gales, había expresado su deseo de aprender a tocar el instrumento. La cobertura occidental de la música producida por el ukelele encontró su sonido y timbre únicos difíciles de describir, ya que era decididamente diferente del machete y la guitarra.

En 1922, Manuel Nunes murió, y los obituarios de Honolulu publicaron su muerte y afirmaron que el «inventor del ukelele» había fallecido. Estas publicaciones fueron leídas y reimpresas por otros periódicos y reporteros, lo que llevó a que los servicios de cable transmitieran estas noticias al territorio continental de Estados Unidos. Periódicos, columnistas y revistas de ciudades como Nueva York, Boston y Los Ángeles, por nombrar algunas, lo reimprimían en algún lugar de sus publicaciones. Ya fuera una columna aquí, un párrafo allá o cualquier otra mención fugaz, los periódicos propagaban más referencias al ukelele. Además, los titulares de los periódicos enfatizaban el falso hecho de que un hombre blanco había inventado el ukelele, y no un nativo hawaiano.

Una niña hawaiana con un ukelele, 1912
https://commons.wikimedia.org/wiki/File:Kohala_Seminary_student_with_ukulele.jpg

Incluso en las dos últimas décadas, siguen apareciendo ideas erróneas, críticas desinformadas y mitos sobre el ukelele. La «mini guitarra» disfrutó de picos de popularidad durante el período de los locos años veinte (1920-1929), la llegada de los plásticos de la posguerra y el más reciente aumento de popularidad, impulsado por artistas como Paul McCartney y Bruno Mars, junto con miles de personalidades en línea en YouTube, Instagram y otras plataformas de vídeo.

Hula

Aunque mucha gente piensa que el hula es un baile en el que mujeres exóticas con leis y faldas de hierba dan vueltas y bailan con sus caderas, el alcance completo del hula es mucho más amplio y tiene más matices que el estereotipo dominante que se ha llegado a asociar con la palabra. El hula es una antigua forma de danza, teatro y expresión social y religiosa que se remonta a más de trescientos años atrás. El hula tiene muchas leyendas y mitos asociados a sus orígenes, como por ejemplo que el hula era la danza que Hiʻiaka, la hermana de la diosa del fuego y los volcanes, Pele, utilizaba para apaciguar y calmar el temperamento de su hermana. Se afirma que el hula fue inventado por diferentes islas de Hawaiʻi, y estas islas suelen tener diferentes leyendas de origen sobre la danza.

Postal promocional de una película de comedia romántica estadounidense, Hula (1927)
https://commons.wikimedia.org/wiki/File:Hula_lobby_card.jpg

El hula también puede ser una forma de danza visual que acompaña a un canto, llamado *oli*, o a una canción, llamada *mele*, donde se cuenta una historia. El hula es la representación, dramatización y actuación de los acontecimientos y fenómenos de la historia. Al igual que otras danzas culturales tradicionales de todo el mundo, el hula es bailado principalmente por mujeres y cuenta con una amplia gama de movimientos y rutinas, la mayoría de las cuales presentan una parte superior del cuerpo estable y una parte inferior del cuerpo en movimiento y doblada. Aunque el hula suele ser interpretado por mujeres, hay bailarines de hula masculinos. De hecho, se consideraba un gran honor ser un consumado bailarín de hula masculino, ya que era una señal de que el individuo sería un gran guerrero. Los primeros hawaianos, como otras culturas antiguas, creían que los buenos bailarines eran buenos luchadores.

Bailarines de hula masculinos con sus trajes de actuación, 2017
Credito: TheRealAnthonySalerno, CC BY-SA 4.0
https://creativecommons.org/licenses/by-sa/4.0 via Wikimedia Commons
https://commons.wikimedia.org/wiki/File:Hawaiian_Hula_Dancers.png

En los últimos tiempos, el hula ha experimentado un resurgimiento en el mundo académico y en la cultura popular, especialmente en lo que respecta a la competición y la enseñanza. Escuelas y grupos específicos de hula vienen de todo Hawai'i para competir y mostrar las actuaciones de hula más vibrantes, ricas, técnicas y bellas. En particular, el Festival Merrie Monarch es un evento de una semana de duración que presenta muchas facetas diferentes de la cultura hawaiana, incluida la competición de hula más prestigiosa del mundo. El festival rinde homenaje al rey

Kalakaua, a quien se atribuye el inicio del Primer Renacimiento hawaiano y la revitalización de las artes y tradiciones perdidas de Hawai'i, especialmente el hula.

Los bailarines de hula practican durante muchos años para competir, y lucen elaborados trajes con bandas alrededor de los pies y las manos que acentúan sus movimientos y poses. A veces estas bandas están hechas de sonajas de calabaza decoradas que se agitan y traquetean cuando el bailarín se mueve al ritmo de la calabaza de percusión que se utiliza tradicionalmente en el hula, llamada *ipu*.

Idioma

Aunque tanto el inglés como el hawaiano figuran como lenguas oficiales de Hawai'i, la gran mayoría de los hawaianos hablan inglés, y menos del 1% son hablantes nativos de hawaiano. Aunque el hawaiano sigue siendo una lengua en peligro de extinción, en su día estuvo a punto de desaparecer debido a las presiones teológicas, educativas, religiosas y políticas de los misioneros cristianos que llegaron a Hawai'i hace muchos años. Por suerte, el rey Kamehameha III restableció la importancia de la lengua hawaiana y la utilizó para codificar las Constituciones del reino hawaiano de 1839 y 1840.

La lengua hawaiana pertenece a la familia de las lenguas austronesias y es una lengua polinesia. Las similitudes léxicas, los cognados y los métodos comparativos pueden demostrar lingüísticamente las estrechas relaciones entre el hawaiano y otras lenguas polinesias como el marquesano, el tahitiano, el maorí y muchas más. Estas lenguas no son mutuamente inteligibles, pero tienen similitudes de palabras básicas, frases y expresiones cortas que pueden entenderse entre los hablantes de cada lengua. Los muestreos lingüísticos y genéticos que comparan el nivel de comprensión y la similitud de palabras entre las lenguas apoyan las tendencias migratorias y arqueológicas que predicen los movimientos de los antiguos pueblos polinesios. En la actualidad, el hawaiano se enseña en muchas escuelas, tanto públicas como privadas, y se mantiene en diferentes niveles de instituciones académicas.

Aunque los hawaianos no tenían lengua escrita antes del contacto con Occidente, al igual que muchas otras culturas del mundo, la morfología y las palabras hawaianas se adaptan bastante bien a la escritura latina, en parte porque casi todas las palabras hawaianas terminan en vocal. Este sistema de escritura fue adaptado a la lengua hawaiana por los misioneros protestantes estadounidenses, y añadieron a su alfabeto las consonantes que no existían en la lengua nativa hawaiana. Aunque este nuevo alfabeto hawaiano se aproximaba a un símbolo por sonido, no permitía introducir fácilmente palabras extranjeras a los nativos hawaianos, ya que los primeros misioneros no conocían fenómenos lingüísticos como la fonotáctica y las reglas morfológicas. En la práctica, muchas de estas palabras extranjeras se han convertido en hawaianas, y los restos de este patrón pueden verse en la lengua hawaiana incluso hoy en día.

El hawaiano puede aprenderse a través de una serie de aplicaciones modernas y libros en línea, siendo la inmersión lingüística el método más eficaz para aprenderlo. El idioma sigue el tercer orden de palabras más común de los idiomas, el de verbo-sujeto-objeto, como el irlandés y el gaélico escocés. El hawaiano también emplea diferentes formas de la palabra «nosotros», distinguiendo entre el «nosotros inclusivo» que incluye a la persona a la que se habla y el «nosotros exclusivo» que excluye a la persona a la que se habla. El hawaiano logró escapar de la supresión, especialmente tras el derrocamiento del reino hawaiano, y experimentó una revitalización junto con otros aspectos de la cultura hawaiana durante el Renacimiento hawaiano.

Turismo y cultura popular

Luau

Popularizado por el auge del turismo en Hawai'i, un luau se refiere a una fiesta tradicional hawaiana que incluye entretenimiento, música y baile. Hoy en día, la palabra se ha convertido en un sinónimo de fiesta y se ha utilizado como tal en frases como «un luau de graduación», «un luau de cumpleaños» y «un luau de boda».

En la antigüedad, debido a las costumbres y rituales del *kapu*, los hombres y las mujeres no podían festejar juntos y necesitaban zonas separadas para comer.

El luau tiene sus raíces en una *'aha'aina*, que significa «comida de reunión», en la que el servicio de carne era el punto culminante del festín. Contrariamente a la creencia popular, las carnes y los cerdos enteros asados no eran habituales en la vida de los nativos hawaianos, ya que no era un recurso abundante y solo se comía en ocasiones especiales. Hoy en día, la cocina luau incluye salmón, poke, cerdos asados, poi, cerveza, cóctel de frutas, otras carnes asadas y muchos otros platos deliciosos.

Bandeja de comida servida en un luau tradicional hawaiano con maíz, ñame, tocino, poi y otros platos de acompañamiento
Credito: The Eloquent Peasant, CC BY-SA 4.0 https://creativecommons.org/licenses/by-sa/4.0 via Wikimedia Commons
https://commons.wikimedia.org/wiki/File:Food_at_a_traditional_Hawaiian_luau.png

Los luau fueron «inventados» por el rey Kamehameha II, que acabó con el *kapu* que rodeaba los eventos y celebró un festín en el que comió junto a las mujeres en un gesto simbólico de nuevas normas sociales.

La palabra «luau» se traduce literalmente como «taro», y la fiesta toma este nombre porque el taro era uno de los alimentos más comunes que se servían en estos festines. En los luaus suelen verse grandes fuegos abiertos, fosas de barro, hornos de tierra y parrillas, donde se preparan la carne y otros alimentos. Tradicionalmente, no se utilizan utensilios en los luaus, y toda la comida se come a mano y en un entorno comunitario. Estas reuniones son un momento de unión social, de celebración colectiva, de reparto de la abundancia y una forma de ritual religioso y de agradecimiento. Los luaus se celebran a menudo en la playa o en lugares específicos elegidos por su conveniencia, accesibilidad, limpieza, comodidad y vistas a la puesta de sol.

Fotografía de nativos hawaianos en un luau, 1899
https://commons.wikimedia.org/wiki/File:Hawaii_Luau_from_1899.jpg

El rápido crecimiento de la industria del turismo hizo que los luaus se convirtieran en una parte esencial de la experiencia de Hawai'i, ya que estos eventos unían muchos aspectos de las islas. Los luaus incluían música, cocina, actuaciones y hospitalidad hawaiana. Aunque algunos críticos han escrito que el luau moderno se ha comercializado en exceso y, como resultado, se ha separado de sus raíces nativas y su significado original, la popularidad de los luaus no se ha visto afectada. Los festines pueden variar significativamente y, por lo tanto, ofrecer experiencias muy diferentes, con factores que incluyen la isla en la que se celebra el luau, los organizadores del luau, la disponibilidad estacional de los alimentos y el grado en que el luau sigue las tradiciones nativas hawaianas. No obstante, los luaus siguen siendo una experiencia turística muy popular en la que se mezclan la comida, la música, los amigos y la cultura nativa hawaiana, y seguirán prosperando en un futuro próximo.

Lei

Un lei es una guirnalda hawaiana y polinesia que se suele llevar alrededor del cuello y es un signo de honor, bienvenida y amistad.

Los leis se hacen y se regalan por una gran variedad de razones, siendo el caso más conocido el de ser un regalo de bienvenida para los viajeros y turistas cuando llegan por primera vez a Hawai'i. Además, se hacen y se llevan para las actuaciones de hula, las bodas, las ceremonias religiosas, las graduaciones y los actos escolares. Históricamente, los leis se han fabricado y vendido a los recién llegados desde antes de la Segunda Guerra Mundial. Los lugareños, junto con las esposas e hijas de los matrimonios interraciales, tenían puestos de venta de leis, junto con frutas tropicales y aperitivos como fruta de pan cocida, plátanos, buñuelos de plátano, piñas y similares. Trabajaban en los aeropuertos y en los muelles donde atracaban o embarcaban los barcos de pasajeros.

Los leis podían hacerse (y se siguen haciendo tradicionalmente) con flores, cuentas y semillas. Había tiendas que tenían flores, cuentas, cuerdas, herramientas y semillas de coleccionistas que obtenían las cuentas y semillas que bajaban de las montañas de Hawai'i. Los fabricantes de leis les hacían agujeros y los ensartaban en cuerdas y alambres. También se utilizaban cuentas de vidrio, cáscaras de semillas y conchas en algunos leis, lo que permitía que los leis tuvieran una gran variedad de estilos y aspectos.

Incluso los leis de papel tenían diferentes tipos de estilos doblados y retorcidos. Algunos de ellos se cosían, se cosían por detrás, se retorcían con técnicas especiales e incluso se tejían. Los leis podían ser de todo tipo de colores o combinaciones de colores. Las historias orales de los fabricantes de leis muestran que tomaban nota de los estilos y combinaciones de colores más populares entre los extranjeros o los hombres del ejército y hacían cambios en consecuencia.

La mano de la estatua del rey Kamehameha engalanada con leis. La estatua se encuentra en el Distrito Histórico de la Capital de Hawái
Credito: Daniel Ramirez from Honolulu, USA, CC BY 2.0
https://creativecommons.org/licenses/by/2.0 via Wikimedia Commons
https://commons.wikimedia.org/wiki/File:King_Kamehameha_Statue_-_Leis_Closeup_(9182330038).jpg

Los vendedores de leis se aglomeran y muestran sus leis en el brazo, tratando de atraer a los compradores y a los turistas, ya que el negocio es una valiosa fuente de ingresos complementaria para sus familias. Muchos utilizan sus patios para cultivar diferentes flores, como por ejemplo hibiscos hawaianos, flores de corona, plumerias, claveles, ilima, jazmines pikake, calvas y flores de vela. Los lujosos y hermosos leis con flores reales pueden requerir mucho tiempo para ser creados a mano. Muchos fabricantes de leis tienen que recoger ciertas flores en momentos específicos del día, lo que significa que invierten mucho tiempo en la obtención de las flores y luego aún más tiempo en ensartarlas. Como los fabricantes de leis de los años 1800 y 1900 no tenían la opción de utilizar la refrigeración para prolongar la vida útil de su producto, la mayoría de los leis solo duraban unos días a menos que se tomaran otras medidas de conservación. Los leis siguen siendo un elemento central y destacado de la cultura y la estética hawaiana y polinesia.

Niñas hula con leis, algunas más jóvenes y otras más mayores, en el Parque Kapiolani, presumiblemente todas del mismo halau (escuela para aprender hula)
Credito: Hakilon, CC BY-SA 3.0 https://creativecommons.org/licenses/by-sa/3.0 via Wikimedia Commons https://commons.wikimedia.org/wiki/File:Hula-M%C3%A4dchen.jpg

Conclusión

En resumen, Hawai'i es mucho más de lo que parece, desde su asombrosa y antigua destreza en la navegación hasta sus grandes *heiaus* perdidos de antaño. Hawai'i siempre ha sido y probablemente seguirá siendo un punto de interés único e importante para toda la cuenca del Pacífico y el propio océano. Solo ahora estamos empezando a ver la belleza y la diversidad que ofrece una nación insular como esta en términos de salto de isla, arrecifes de coral, patrones de migración y entornos multiclimáticos. Hawai'i es un tesoro ecológico raro, aislado y más vulnerable de lo que la gente sabe. Este libro es solo un pequeño paso en la concienciación de la precariedad a la que, tristemente, se enfrentan muchas naciones insulares en cuanto a su futura estabilidad ecológica.

Hawai'i ha tomado esta riqueza geográfica y natural y la ha dotado de una narrativa igualmente rica y detallada. Sus mitologías e ideologías ancestrales no se parecen a ninguna otra en el mundo, ya que surgieron en una historia casi desprovista de influencias civilizatorias más amplias. Su pueblo se ha enfrentado a enormes desafíos históricos, desde la opresión y la anexión hasta el genocidio provocado por los gérmenes. Afortunadamente, su pueblo ha sobrevivido y está descubriendo sus profundas raíces, un esfuerzo que va ganando adeptos. Desde sus linajes reales y familias de dioses, los hawaianos tienen mucho que esperar. Tienen aún más que compartir con el mundo, pues sus famosos pueblos y artefactos ya han demostrado que inspiran y crean cambios en todo el mundo. Sin duda, su futuro es fértil y casi indefectiblemente positivo si la política, el gobierno y la socioeconomía de Hawai'i están al servicio de su pueblo.

Aunque en este libro se han tocado la mayoría de los mejores momentos de Hawai'i y las épocas de problemas, esperamos que nuestro lector se lleve una sensación de asombro, hambre y alegría, y aprenda más sobre una de las joyas más ocultas del mundo enclavada en medio del océano Pacífico. Si alguna vez visita el archipiélago de Hawai'i, esperamos que este libro le proporcione una conciencia y una comprensión de las historias que recorren estas tierras y las impregnan de maná, la energía espiritual y la fuerza vital que recorre a sus gentes. Hawai'i ha sido, es y muy probablemente seguirá siendo un hermoso lugar de profunda importancia, y esperamos haber compartido con usted un poco de esa belleza a través de nuestros escritos.

Vea más libros escritos por Captivating History

Referencias

Michi Kodama-Nishimoto. *Talking Hawai'i's Story: Oral Histories of an Island People.* 2009.

Jim Tranquada & John King. *The 'Ukulele: A History.* 2012.

Edward D. Beechert. *Working in Hawai'i: A Labor History.* 1985.

William D. Westervelt. *Legends of Gods and Ghosts.* 1915.

Martha Beckwith. *Hawaiian Mythology.* 1940.

William DeWitt Alexanders. *A Brief History of the Hawaiian People.* 1891.

Robert P. Dye & Bob Dye. *Hawai'i Chronicles: World War Two in Hawai'i.* University of Hawai'i Press. 2000.

Jon Thares. *Hawai'i at the Crossroads of the U.S. and Japan before the Pacific War.* 2008.

Alan C. Ziegler. *Hawaiian Natural History, Ecology and Evolution.* 2002.

Noenoe K. Silva. *Reconstructing Native Hawaiian Intellectual History.* 2017.

Dan Cisco. *Hawai'i Sports, History, Facts and Statistics.* 1999.

Haunani-Kay Trask. *From a Native Daughter.* 1993.

Jon Van Dyke. *Who Owns the Crown Lands of Hawai'i?* 2007.

Christopher Grandy. *Hawai'i Becalmed, Economic Lessons of the 1990s.* 2002.

Daniel Marston. *The Pacific War Companion: From Pearl Harbor to Hiroshima.* 2003.

Tom Dye. "Population Trends in Hawai'i before 1778." The Hawaiian Journal of History. 1994.

Carol A. MacLennan. *Hawai'i Turns to Sugar: The Rise of Plantation Centers.* 1997.

Ronald Takaki. *Raising Cane: The World of Plantation Hawai'i.* 1994.

Oswald Bushnell. *The Gifts of Civilization: Germs and Genocide in Hawai'i.* 1993.

Dan Boylan, T. Michael Holmes. *John A. Burns: The Man and His Times.* 2000.

Kanalu Terry Young. *Rethinking the Native Hawaiian Past.* 1998.

Mahealani Uchiyama. *The Haumana Hula Handbook for Students of Hawaiian Dance.* 2016.

Rick Carroll. IZ: *Voice of the People.* 2006.

David Davis. Waterman: *The Life and Times of Duke Kahanamoku.* 2015.

www.ingramcontent.com/pod-product-compliance
Lightning Source LLC
LaVergne TN
LVHW011834060526
838200LV00053B/4022